DISCIPLINA CON AMOR PARA ABUELOS

DISCIPLINA CON AMOR PARA ABUELOS

PARA ABUELOS

Cómo no meterte
en lo que sí te importa

Rosa Barocio

Título de la obra: *Disciplina con amor para abuelos*

COORDINACIÓN EDITORIAL: María de Lourdes Arellano Bolio
PORTADA: Víctor M. Santos Gally
DIAGRAMACIÓN: Ediámac

© 2015 Editorial Pax México, Librería Carlos Cesarman, S.A.
    Av. Cuauhtémoc 1430
    Col. Santa Cruz Atoyac
    México DF 03310
    Tel. 5605 7677
    Fax 5605 7600
    www.editorialpax.com

Primera edición
ISBN 978-607-9346-61-4
Reservados todos los derechos
Impreso en México / *Printed in Mexico*

Dedicatoria

A
las abuelas y los abuelos…
las yayas, las tatas, las nonnas…
las grandmas y los grandpas…
las omas y los opas, les grandmères y les grandpères…

Que adoran a sus nietos.

Agradecimientos

¡Gracias a las orgullosas abuelas,
mis primas y amigas, y a los nietos,
que generosamente compartieron conmigo
sus experiencias y anécdotas!

ÍNDICE

Introducción

"¿Mayita, cuándo te vas a morir?", escuché que preguntaba mi hijo de cuatro años a su bisabuela. "No lo sé", respondió ella algo sorprendida. Después de unos segundos mi hijo agregó, "no te preocupes, yo creo que todavía aguantas".

El ir y venir de la vida. Unos llegan, otros se van, y esto para el niño pequeño no es complicado, es simplemente lo que es. En su inocencia, no juzga, sólo acepta las cosas como son. Pero con el pasar de los años dejamos atrás esta inocencia y si nos convencen de que envejecer es como una enfermedad, tratamos de evitarla ¡cómo la plaga! Entonces nos aferramos queriendo quedarnos anclados en la eterna juventud con la ilusión de detener el tiempo.

"Abuela, ¿vas a salir? "Ya te dije que no me gusta que me llames abuela, dime Lola", le insiste al nieto mientras trata de ajustarse el cinturón frente al espejo. Volteando a ver a la hija, exclama, "Dios mío, ¡tengo que ponerme a dieta! y cómo ves, ¿crees que estas cremas me estén sirviendo o me hago un pequeño arreglito de cirugía en los ojos?".

Aceptar esta nueva etapa se vuelve difícil, si no tenemos un sentido de vida. Nos quedamos atrapados insistiendo en seguir pareciendo jóvenes cuando el cuerpo declina. Y si bien podemos engañarnos imaginando que el tiempo no nos ha hecho mella, estos años vividos no se ocultan ante los demás. Y no es que se trate de dejarnos ir y desatendernos, pero sí de aceptar con dignidad lo que este nuevo ciclo nos regala.

Y por eso escribo este libro. Porque esta última etapa de la vida tiene muchas riquezas, pero indudablemente una de las importantes es el contacto con los nietos. Con ellos es que podemos compartir lo cosechado en nuestro recorrido por la vida a través de recordar las anécdotas, con mucho de cierto y un toque de fantasía, que ya son parte del acervo familiar.

Recordar nos permite revisar lo que recibimos de nuestros antepasados con una mirada que esperemos se haya vuelto más benévola, más compasiva. Que nos permite apreciar con una nueva dimensión todas las experiencias, tanto las buenas como las no tan buenas.

Yo fui afortunada. Tuve abuelos que marcaron mi vida, y es con el interés de despertar en ti tus propios recuerdos, por lo que te comparto los míos.

Mis abuelos maternos dormían en camas separadas. Mientras mi abuela reposaba bajo pesadas cobijas de Santana, sólo una sábana delgada cubría el cuerpo desnudo de mi abuelo que dormía con la cabeza en sentido opuesto: hacia el norte. Practicaba yoga, se daba baños de sol y masticaba 25 veces cada bocado. Su rutina diaria inalterable incluía 16 vueltas al zócalo de Puebla. Pero su interés por lo sano contrastaba con su amor por la aventura. Siempre callado y observador, nadie sospechaba sus escapadas con un amigo 40 años más joven que él, para volar en avioneta, correr automóviles y torear.

Pero era mi abuela la que hacía hogar. Como el sol que se sabe el centro del universo, mi abuela daba órdenes tejiendo en su sillón, dejando claro que a ella le tocaba dirigir las vidas de los que giraban a su derredor. "¿Qué quieren de comer?" era la pregunta obligada todas las mañanas para disponer la comida que se compraba fresca en el mercado todos los días, para preparar los interminables platillos de los que estábamos obligados, so pena de ofenderla, a repetir. El aroma de esta comida impregnaba la casa dándole sabor a hogar.

"Estos niños están muy flacos" repelaba mi abuela, ignorando las protestas de mi madre que aseguraba que los niños gordos habían pasado de moda. Su misión cada verano era la de engordarnos, y se valía de sobornarnos con dinero para que durmiéramos la siesta y después no lo gastáramos en dulces. Si bien a mí siempre me gustó comer, dos de mis hermanos recuerdan la tortura de no poder retirarse de la mesa sin haberse acabado hasta el último bocado.

Si de mi abuelo nunca escuché una crítica, mi abuela aflojaba la lengua juzgando libremente a todos con los que se cruzaba, pero con los nietos incursionaba en territorio diferente. Ahí daba rienda suelta a ese amor que acoge sin condiciones y cuya aceptación no tiene límites. ¿Qué decir de unos abuelos que reciben a seis nietos durante seis meses mientras los padres viajan? Si en aquel entonces no lo pude apreciar como un acto significativo, hoy lo valoro como un regalo que sólo da ¡un corazón extremadamente generoso!

Pero es de mi abuela paterna que heredo mi amor por la educación. Esbelta, alta, con el porte orgulloso de directora de escuela, despertaba mi admiración por su orden y su caligrafía impecable. Rayando en perfecta, agradecí el día en que se volvió mortal cuando la sorprendimos haciendo trampa en un juego de cartas.

Estas son algunas de mis reminiscencias que espero te inspiren para revivir las tuyas, para echar una mirada atrás y comprender esta historia que forma parte de tu ser. Qué te ha impactado y qué has transformado de manera consciente o inconsciente en lo que ahora eres; para que la compartas con tus nietos y los acerques a lo que fue, mientras ellos te encaminan a lo que será.

Pero más importante aún que esto es la oportunidad que te da la convivencia con los nietos para que expreses tu amor, ese amor que has añejado con todas las experiencias que has vivido. Y para que sea un amor más puro, necesitas depurarlo conscientemente para hacer a un lado todo lo que pueda contaminarlo: resentimientos, miedos, carencias, culpas, creencias equivocadas. Sólo así se acercará a ser un amor que no pone condiciones, desinteresado, que te permita hacerte a un lado para buscar lo mejor para tu nieto. Para que puedas verlo como ese ser único y perfecto que ya es, y no trates de cambiarlo. Para que te asombres con sus ocurrencias y seas compasivo con sus tropiezos. Para que te conviertas en su refugio cuando el mundo le parezca amenazante, y lo reconfortes recibiéndolo en tu regazo.

Ser abuelo es un momento para dar. Dar de esa fuente inagotable de amor y generosidad que has ido cultivando en el transcurso de tu vida, y que a cambio, recibirás a manos llenas de tu nieto.

Es mi esperanza que este libro te ayude a reflexionar y revisar patrones viejos que quizás utilizaste con tus hijos, pero ahora hay que desechar en pos de formas más respetuosas de relacionarte; para que expreses tu amor desde tu parte más elevada, con compasión y ternura, y vivas y disfrutes plenamente de esta etapa de ser ¡orgullosamente abuelo!

Capítulo I

DISCRECIÓN, TOLERANCIA Y ¡SENTIDO DEL HUMOR!

"¿Me dejas peinarte, abuelita?", le dice Daniela de 6 años. Después de un rato de cepillarla, le comenta, "sabes abuelita, tienes el pelo como mis muñecas". La abuela sonríe satisfecha y le da las gracias pensando que es un halago, hasta que la nieta agrega, "igual que mis muñecas, en unas partes tienes pelo, y en otras no". [1].

Tener nietos es toda una aventura. Es una nueva etapa que nos acerca nuevamente a la frescura y la espontaneidad del niño que dice las cosas como las ve. Que no tiene nada que cuidar porque en su inocencia las cosas son como son. No las juzga ni las contradice, simplemente las acepta. El niño en su candor e ingenuidad es un reflejo de lo que nosotros una vez fuimos. Convivir con él nos permite tocar esa parte que conservamos pero que hemos olvidado. Esa parte que ha quedado recubierta en nuestro afán por sobrevivir, por sobreponernos a las dificultades y retos que la vida nos ha ido presentando. Hemos sacrificado nuestra sencillez, naturalidad y apertura para defendernos y aparentar. Pero el nieto viene a resucitar todo esto nuevamente en nosotros.

---

[1] Adaptado de *Selecciones*, Niños, Brenda Ramos, Septiembre, 2012, pp. 92, Estados Unidos.

"¿Jugamos?", me pregunta mi nieto de 4 años a las 6:30 de la mañana. "¿Jugamos?", me repite con cara impaciente y dos muñecos en la mano. Con mi cuerpo diciendo no y mi corazón diciendo sí, me arrastro de la cama hasta su recámara donde me coloca uno de los muñecos en la mano y se dispone a jugar. Sorprendida me percato que jugar con él es simplemente que lo acompañe, y me doy cuenta ¡qué fácil es quererlo!

Querer a los nietos es fácil. Porque es un amor ligero, sin ataduras, que si lo dejamos fluir, generosamente nos inunda. Es un amor correspondido por el nieto que no pide nada a cambio.

Los abuelos metiches

Pero este amor puede tener tropiezos y de ellos quiero hablar. Cuando este amor se contamina con nuestro deseo de controlar o arreglar, ya sea al nieto o a sus padres, es cuando tenemos dificultades. Creemos que por ser abuelos, nos corresponde imponerles nuestra sabiduría… es ahí donde empiezan los conflictos. Si la familia es sana, nos encontraremos con una resistencia natural que nos pone un alto, que dice claramente, "¡No te metas!".

Pero si bien no queremos *meternos*, sí deseamos ser parte de sus vidas y participar. Porque valoramos lo que esta relación puede significar para nuestra existencia.

Vale entonces revisar la diferencia entre ayudar y apoyar y *meternos* en sus vidas para controlar y dominar. Porque cuando el juez dentro de nosotros dictamina que los padres están equivocados, ¡cuidado! No deja de criticar y juzgar, y como si pusiera velos opacos frente a nuestros ojos, nos ciega para apreciar lo que hacen los padres por educar de la mejor manera a sus hijos. Que no sea a "nuestra manera", no quiere decir que esté equivocada ni que no estén tratando de hacer su mejor esfuerzo. Creemos equivocadamente que si estuviéramos en su lugar lo haríamos mejor. Y entonces sucumbimos a la tentación de querer controlar sus vidas y nos volvemos… ¡metiches!

Todos tenemos a este juez dentro de nosotros que todo lo sabe, pero el juez de los abuelos tiene toga y birrete y pesa ¡150 kilos! Es un juez que por sus años y experiencia se siente con el derecho de controlar e imponer su voluntad. Pero si le damos rienda suelta, arruinará la relación con los padres y pondrá en riesgo la conexión con los nietos.

Así que revisemos qué hay detrás de ese control. Ese control que dice saber lo que le conviene a los demás y por lo cual, exige que le hagan caso y le obedezcan. Atrás de ese control siempre hay miedo, todo tipo de miedo:

- Miedo a perder el amor
- Miedo a quedar mal
- Miedo a que hagan el ridículo
- Miedo a que no les vaya bien en la vida
- Miedo a que se lastimen
- Miedo a que sufran
- Miedo a que no sean los mejores
- Miedo a que me avergüencen

Y es por estos miedos que buscamos *tener todos los hilos en la mano* y controlar. Entonces surge la abuela sabelotodo:

"No, reina, no lo cargues así, póntelo en el hombro y verás que se calma…, mejor dale el chupón, yo a todos mis hijos les di chupón…, es que sería bueno que lo dejes llorar un rato, verás como así se duerme…, pásamelo y te enseño cómo calmarlo…".

El mensaje que en este caso le da esta abuela a su hija o nuera es:

> Eres una inepta, no sabes hacer las cosas bien. Sólo yo sé cómo criar a un niño.

¿Podemos imaginarnos un mensaje que menosprecie más? ¿Quién quiere estar con una abuela así? ¿Nos sorprendería que no quieran invitarla y no la busquen?

Si sólo recordáramos cómo nos sentíamos con estas personas metiches que todo lo sabían y todo lo criticaban cuando éramos jóvenes y educábamos a nuestros hijos, dejaríamos de hacerlo. Opinar cuando no nos preguntan, aconsejar cuando no lo piden, inmiscuirnos cuando no somos llamados, sólo crea resentimiento. Es nuestra arrogancia, nuestra autoimportancia y nuestro perfeccionismo que se ponen de manifiesto y provocan rechazo en los demás.

Los parientes del control: la arrogancia, la autoimportancia y el perfeccionismo

Revisemos con más detenimiento el impacto en el abuelo y la familia, de los tres parientes del control: la arrogancia, la autoimportancia y el perfeccionismo.

- La **arrogancia** dice, "sé más que tú, así que dame la razón".

  El abuelo arrogante siempre quiere ser escuchado y quiere tener la última palabra. No permite que lo contradigan y se molesta cuando no están de acuerdo. Los padres y los nietos aprenden a callar su inconformidad, reprimen su molestia y evitan su compañía.

Aprenden a seguirle la corriente y no decir lo que realmente piensan. Pero si hay adolescentes o personas de temperamento colérico, se enfrascarán en discusiones interminables donde nadie da su brazo a torcer, creando un ambiente tenso e incómodo para los demás.

- La **autoimportancia** dice, "soy más importante que tú, así que hazte a un lado".

   El abuelo con autoimportancia ocupa mucho lugar. Se ubica por encima de los demás y tiene delirio de grandeza. Está convencido de que todos deben siempre atenderlo primero y estar pendientes de sus deseos. A los padres y nietos les da flojera estar con él y se sienten desplazados.

- El **perfeccionismo** dice, "todo lo hago bien y espero lo mismo de ti".

   Ser perfeccionista no es una cualidad, sino una limitación, porque la perfección no existe. Así que el abuelo perfeccionista está persiguiendo un espejismo y está buscando, a través de su perfeccionismo, ser aceptado y ser querido, y teme perder el respeto y la admiración de los demás si descubren sus fallas. A través de cuidar su imagen de perfección está queriendo tapar viejas heridas de humillación y vergüenza. Pierde su espontaneidad y es rígido y exigente, pues no se arriesga a equivocarse, tornándose aburrido y tieso. Los padres y nietos se sienten incómodos en su presencia porque piensan que no son lo suficientemente buenos. Se avergüenzan y tapan sus errores pues saben que serán enjuiciados y condenados. El abuelo perfeccionista es estirado y su presencia crea un ambiente tenso. (Para

ampliar estos temas, te recomiendo mi libro "Disciplina con amor tus emociones" de Editorial Pax).

Si quieres que te incluyan tus hijos y tus nietos en sus vidas
tienes que desechar el control, la arrogancia, la autoimportancia y el perfeccionismo. Como apoyo, repítete las siguientes
afirmaciones:

Afirmaciones
- No tengo que ser perfecto para ser amado.
- Yo me acepto y me quiero tal como soy.
- Respeto y valoro las decisiones y preferencias de mis
  hijos y nietos.
- Dejo en libertad a mis hijos y nietos para que encuen-
  tren su propio camino.

En boca cerrada no entran moscas

La cualidad esencial de cualquier abuelo es la discreción para
saber cuándo hablar y cuándo callar, para darle su lugar a estos
nuevos padres que necesitan la libertad para ensayar y equivocarse y así, aprender a educar a sus hijos. Les hace falta la
oportunidad que tú mismo reclamaste cuando era tu turno.
En realidad, ser sabio no es tan difícil, sólo requiere de buena
memoria. Buena memoria para recordar lo que sentíamos en
las distintas etapas de la vida y actuar en congruencia.

"Tu hija te tiene miedo", tengo el mal tino de decirle a mi nuera
frente a varios invitados. Al ver que se le demuda la cara, me doy
cuenta de mi impertinencia y deseo tragarme mis palabras, pero
ya es demasiado tarde. Una vez que se retiran los invitados, mi
hijo se me acerca y me pide que, para evitar futuras fricciones,
sea con él con quien comente cuando algo no me parezca.

Rara vez es adecuado decir algo cuando lo hacemos de manera impulsiva. Aun teniendo la razón, si no tomamos en cuenta el momento y la forma, lo más probable es que nuestro comentario sea mal recibido. Porque cuando provocamos enojo o rechazo como defensas ante una observación que la perciben como crítica o juicio, eliminamos cualquier posibilidad de ser escuchados. La atención se pierde en estas emociones y el mensaje se diluye.

Por eso el subtítulo de este libro, "Cómo no meterte en lo que sí te importa". Porque es un hecho que sí te importa y mucho, pero hay que saber qué decir y qué callar, cuándo opinar y cuándo no, y cómo decirlo. Este es el meollo de las relaciones de los abuelos con los padres que va a permitir que se mantengan abiertas las puertas para establecer una comunicación clara, fluida y amorosa, o se cierren y pierdas la oportunidad de disfrutar a tus nietos.

Recuerdo una amiga muy cercana que se aterraba cada vez que su madre la visitaba del extranjero:

> ¡Odio que venga mi madre de visita! Me mato para que la casa esté impecable y le pido a los niños que se porten mejor que nunca, y aun así siempre encuentra algo para fruncir el ceño. No podemos nunca darle gusto, parece que sólo viene a inspeccionarnos ¡para ver que hacemos mal! Cómo me gustaría que fuera más relajada y pudiéramos realmente disfrutarla en vez de ¡alucinarla!

Los abuelos criticones, exigentes y metiches nunca son bienvenidos. Así que recuerda estas reglas de oro:

- **Consejo no pedido es mal recibido**

    Muérdete la lengua cuando quieras sugerir, aconsejar, regañar o analizar. Hazlo sólo si piden tu opinión y dilo con mucho tacto. No ofrezcas lo que no te piden porque aunque aparenten estar interesados, no serás escuchado.

- **Una mirada vale más que mil palabras**

  Cuida de no poner cara de inspector. Nada hace sentir más incómodos a los padres y a los nietos que sentirse vigilados, saber que están siendo examinados y calificados… y que ¡ya reprobaron!

"¿Viste las miradas que matan de la abuela? Pensé que se le iban a salir los ojos cuando me vio con mi vestido, que le ha de haber parecido muy corto y muy entallado, y me preguntó, "¿así piensas salir?""

- **Un comentario negativo mata a muchos positivos**

"Estefanía, me encanta tu vestido, y que bonitos los zapatos. Ese cinturón le va perfecto… pero los aretes, ¿no tienes otros?", pregunta la abuela. La nieta disgustada tuerce la boca y se sale del cuarto.

El poder de un comentario negativo ¡es increíble! Puede deshacer todos tus comentarios positivos. Así que mídete. Para tus nietos y sus padres tu aprobación es importante.

Por nefasta que te parezca una situación siempre tiene algo de positivo. Si despiertas tu compasión será fácil quererlos y aceptarlos. Toca tu corazón para soltar el juicio y la crítica y así comprender sus limitaciones. La comprensión y la empatía son la antesala del amor. Y recuerda que los nietos no vienen solos, si los quieres, tienes que aceptar y querer también a sus padres.

Es importante aclarar que ser discreto no significa ser pasivo o estar ausente. No quiere decir ser hipócrita o complaciente. La discreción acompaña amorosamente en silencio y es pariente de la humildad, la aceptación y la confianza. Es más fácil ser discreto si tengo la **humildad** para saber que hay muchas cosas que ignoro, que no poseo *la Verdad,* y que no tengo todas las soluciones. Puedo **aceptar** a estos padres y a estos nietos si me enfoco en sus cualidades y en sus fortalezas, en aquello que los hace únicos; entonces, no hay razones para criticarlos o querer cambiarlos. Y si tengo la **confianza** de que tienen todo el potencial para salir adelante, no hay razón para querer controlarlos.

Cuando la experiencia no cuenta

"Cómo la ves, comadre", le dice la abuela por teléfono, "que fui a casa de mi hija, y que ya no comen nada con gluten, ¿qué te parece?, que porque lo leyeron en Internet y, ya sabes que el Internet es la ley…. no, no tienen alergias pero que porque es mejor… y cuando le pregunté a mi hija que por qué esas modas tan raras, me contestó, "mamá, tú no sabes nada, y por eso estás gorda".

Los hijos nos ponen a prueba. ¿Qué contestar cuando te tratan como inculta? ¿Cuándo te hacen sentir anticuada, fuera de moda? Estos son los momentos para mordernos la lengua, respirar hondo y no reaccionar. Y lo primero que hay que recordar es que un día estuvimos también en sus zapatos. Iniciando nuestra familia y tratando de hacer lo mejor. Pero ahora les toca a ellos. A esta nueva generación que tiene que criar y educar a sus hijos para encontrar su propio camino, haciendo las cosas *a su manera.*

Pero la tentación de intervenir y compartirles nuestra "sabiduría" ¡es enorme! Porque al tener un camino recorrido pensamos que ya todo lo experimentamos y todo lo sabemos. Y aunque es cierto que la vida nos ha dado la oportunidad de crecer a través de todas esas experiencia, cada familia es distinta y, como sabiamente dice el dicho, "nadie aprende en cabeza ajena". Cada quien tiene que ir experimentando y a través de acertar y equivocarse, desarrollar su propia consciencia.

> "Yo siempre fui muy consciente de todo lo que comían mis hijos. Cuidaba que todo fuera fresco, comieran mucha verdura y les daba muy pocos dulces. Pero ¡tienes que ver lo que comen mis nietos en casa de mi hijo! ¡No parece que fue criado por mí! Viven de papas fritas, pizza y refrescos. Y cuando le he comentado algo, sólo me dice meneando la cabeza, "¡ay, mamá!".

> "¿Te acuerdas cómo me preparé para tener a mi hija con el psicoprofiláctico y lo importante que fue para mí amamantar? Pues todo eso le vale a mi hija. Está encantada de que sea cesárea y no tiene intenciones de amamantar. ¿A quién habrá salido?".

Cada familia es un mundo. ¿Por qué elijen los hijos ser tan diferentes a sus padres?, lo ignoramos. Pero lo que sí es cierto es que están en nuestra realidad para que ejercitemos nuestro respeto y nuestra tolerancia.

> "Mi hija me dejó a los nietos el fin de semana porque se iba de viaje. Pero ¿qué crees? ¡Qué me los trajo con instructivo! Anotó toooodo, como si yo ¡nunca hubiera tenido hijos! Me pregunto, ¿quién piensa que la crió? Me hizo sentir, no tonta, ¡tontísima!".

Lo que esta abuela no está tomando en cuenta es que su hija está tratando de hacer las cosas muy, pero muy bien. Que quiere mucho a sus hijos y está dejando en sus manos lo que más ama en la vida. Y sí, efectivamente ha olvidado por un momento que la abuela tiene mucha experiencia, sentido común y responsabilidad para resolver cualquier situación que se le presente. Pero hay que recordarle a esta abuela que no debe tomarlo personal. Que si su hija hubiera dejado a sus nietos con el más renombrado especialista de niños, le hubiera igualmente entregado ¡el instructivo!

"En mis tiempos…" ¡Cuidado!

"¿Abuela, me regalas un vestido para la primera comunión de mi hermana?", me pregunta mi nieta de 13 años por celular, "ya lo escogí y aquí estoy en la tienda y mi mamá dice que puede pagarlo con su tarjeta de crédito y que tú después le das el dinero". Sin quedarme más remedio, acepto.

Una semana después, me invita mi nieta a ver el vestido. "¿Asíííí vas a entrar a la iglesia?" le pregunto sin poder contener mi asombro ante lo que me parece un vestido minúsculo sumamente entallado. "Ay, abuela, me voy a poner "flats" (zapatos bajos)", me contesta mi nieta frunciendo la cara.

Para mi sorpresa el día de la celebración la veo entrar a la iglesia con sendos tacones, y no sé qué cara pondría yo, porque se ofende y no pasa a leer la 1ª Lectura que le toca en la misa.

Esto del vestido ha sido un zafarrancho y ¡todavía lo debo! En mis tiempos…

Nada nos hace envejecer más rápidamente que ese último comentario. A menos de que sea con la intención de contar alguna anécdota de nuestra infancia, comparar lo que ocurre ahora con nuestro pasado, e iniciar nuestro discurso con "En mis tiempos…", garantiza que todas las miradas sean dirigidas al techo y todos los oídos permanezcan cerrados. Si bien los cambios que estamos viviendo se están dando a una velocidad vertiginosa, no nos queda más que adaptarnos… o quedarnos rezagados.

Ser abuelo no quiere decir ser viejo. Viejos los que se desconectan de la vida y viven de sus recuerdos. Los que se quedan detenidos y desdeñan el presente. Los que en vez de disfrutar, eligen quejarse y reclamar.

A los nietos hay que acompañarlos en el presente. Manteniéndonos al día, interesados en lo que ocurre en el mundo y en los avances tecnológicos. Sólo así podremos participar y ser parte de sus vidas.

> El nieto adolescente ha dedicado una tarde para enseñarle al abuelo a enviar mensajes de texto por su celular. Esa noche recibe el primer mensaje del abuelo:
> "¿Comoseponenlosespacios?", [2]
>
> "Abuela, ¿te regalaron una tableta? ¿Ya la sabes usar? ¿Te enseño?".

Es así como los nietos nos acercan al futuro y nos animan a seguir adelante. Es así como nos expresan su amor y nos incluyen en sus experiencias. Es dar y recibir, yo le enseño a cocinar, él me enseña a usar el Internet.

> "¡Más rápido, abuela, más rápido!", me apura mi nieto al caminar por la calle. ¿Cómo me voy a dejar envejecer con tamaño aliciente? Al día siguiente me inscribo en un gimnasio.

Los nietos también nos interesan y nos asombran con sus comentarios inteligentes.

---

[2] Adaptado de *Selecciones*, ¡Qué cosas!, Cindy Roden, Septiembre, 2012, pp. 109, Estados Unidos.

"Oye abuelo, ¿a poco no sabes cómo se llama este dinosaurio?" me pregunta mi nieto de 6 años apuntando a un enorme animal cuyo nombre, por supuesto, yo ignoro. Cuando ve mi cara perpleja y mi silencio alargado, continúa, "Abuelo, es un Archeopterix, y es ¡muy famoso por razones de biología evolutiva!".

¡Despierta tu sentido del humor!

La convivencia con los nietos nos aliviana la vida, porque está colmada de situaciones graciosas, momentos chuscos, ocurrencias y comentarios ¡muy graciosos! Aprovéchenlos para relajarse y ¡reír!

"¿No te da vergüenza servirte cuatro veces pastel?", pregunta el abuelo al nieto en la fiesta de cumpleaños del sobrino. "No, abuelo, les dije que eran para ti".

"Tata, me encanta acariciarte", le dice la nieta sobándole el brazo. "A mí también", contesta complacida la abuela. "Es que estás tan suave y ¡aguadita!".

"Y ¿por qué abuelita no se lleva a mi hermano Felipe, si dice que lo quiere tanto?" le sugiere el hijo mayor a su madre, pensando haber encontrado la solución para deshacerse de su hermano más pequeño.

"No te preocupes papá, Jaimito te puede decir muy bien cómo llevarlo a la escuela", le dice el padre al abuelo despidiéndose para salir de viaje. A la mañana siguiente el nieto de 5 años, sentado en el asiento de enfrente del automóvil, da instrucciones al abuelo, "abuelito, síguete hasta la esquina… ahora fíjate a la izquierda y si no hay un policía vigilando… date la vuelta rápido a la derecha".

Ten un cuaderno para apuntar los comentarios y las ocurrencias simpáticas de tus nietos porque lo que no se anota muchas veces se olvida. Con los años esto será parte del acervo familiar que en las reuniones a todos divierte y hace sentir especial a tus nietos.

Capítulo 2

CONSENTIR A LOS NIETOS

Consentir sin límites, ¿es lo mismo que amar?

"Yo a mis nietos todo se los consiento. Para eso soy su abuelo. Mi hijo se enoja, dice que los echo a perder, pero a mí no me importa, mis nietos están felices y es todo lo que cuenta. Si no, ¿para qué tienen padres? ¡Que los eduquen ellos!".

Para muchas personas ser abuelo es sinónimo de consentir. Piensan que si consienten están amando a sus nietos, pero vale preguntarnos, ¿realmente es lo mismo amar que consentir? ¿Qué significa consentir?

El concepto de consentir lo podemos interpretar desde comprarle un dulce al nieto, hasta dejarlo que haga todo lo que quiera sin limitación alguna. Desde darle gusto y llevarlo al cine, hasta mimarlo permitiéndole ser irrespetuoso y grosero. Consentir, por lo tanto, puede tener connotaciones muy diferentes para las distintas personas.

Cuando su interpretación es darle gusto tomando en cuenta su bienestar y los deseos de los padres, consentir puede ser una expresión muy positiva del cariño que le tenemos. Pero si nos ubicamos en el extremo en donde consentir es "echarlo a perder"... vale preguntarnos, ¿es esto realmente querer al nieto? ¿Echarlo a perder para que se convierta en un niño demandante, grosero e inadaptado? ¿Para qué, así como a la fruta echada a perder y que todos desdeñan, nadie lo aguante? Porque, ¿quién disfruta estar con un niño chocante y mimado?

Consentir en estos casos es lastimar a este nieto que decimos querer tanto.

Consentir sin consideración para las consecuencias en el niño, es un acto sumamente egoísta. Cuando el abuelo disfruta ver al nieto feliz cuando sabe que está contradiciendo a los padres, está saboteando su autoridad. En este afán de querer complacerlo, el abuelo pierde su lugar de adulto responsable frente al nieto y se ubica a su lado como otro niño. Ahora son dos niños desobedeciendo a los padres. ¡Qué divertido!... pero ¡qué irresponsable! Cuando el abuelo consiente de esta manera, no está realmente viendo al nieto, ni lo está tomando en cuenta. Está viendo su placer personal, lo que a ella o a él lo hace sentir bien.

> "Mi mamá no me deja ver "Maléfica" porque dice que estoy muy chiquito, pero yo la quiero ver, ¿verdad que tú si me llevas, abue? Al cabo no le decimos nada a mi mamá. Tú no eres mala como ella...".

Hay nietos muy manipuladores que encuentran respuesta en abuelos inseguros que se dejan manipular. Jamás podemos culpar al nieto, él sólo está tratando de conseguir lo que quiere y se vale de cualquier medio que le funcione. Pero si el abuelo es manipulable es porque está utilizando al nieto para sentirse querido o importante. La astucia del nieto florece ante la debilidad del abuelo.

Si bien el papel del abuelo es amar incondicionalmente al nieto, ese amor conlleva responsabilidad. Porque amar no es complacer, ni dar sin límite alguno, ignorando las consecuencias. El verdadero amor piensa en el bienestar del otro por encima del placer que pueda sentir en un momento dado.

> "Ya es hora de dormir, mañana tienes clases y no te vas a querer levantar", dice la abuela que está a cargo del nieto pues los padres se fueron de viaje. "Es que este programa me encanta, ándale Tata, ¡sólo éste, porfis!". "Bueno, está bien…uno más y ¡ya!".

Cuando cedo a sabiendas de que no es lo mejor para el niño, no estoy actuando en su beneficio sino en el mío propio, pues al tomar esta postura cómoda evito el conflicto y la confrontación. Dejo de ver las necesidades de mi nieto, y atiendo sólo mi conveniencia personal.

El consentimiento sano

> "¿Qué quieren desayunar?", pregunta la abuela que cuida a los nietos en las vacaciones. "¡Hot cakes, hot cakes, hot cakes!" gritan los nietos a coro. "¡Vaya, qué sorpresa! Muy bien, serán hot cakes", contesta la abuela sonriendo. Como siempre piden lo mismo, ¡ya tiene la masa lista!

Cuando los abuelos cuidan a ratos a los nietos, se pueden dar el lujo de complacerlos y darles lo que quizá no tengan en casa. Estar con los abuelos se convierte en un espacio donde olvidan sus hábitos, pierden su estructura y disfrutan de lo que en casa sería una excepción. Para el nieto, entonces, el abuelo es ¡un regalo!

> "Quiero otra bola de helado". "Tu mamá me dijo que sólo te comprara una porque luego no quieres cenar". "Pero yo quiero otraaaa", grita el nieto. "Me queda claro que quieres otra, pero sólo te voy a comprar una, porque eso dijo tu mamá".

Pero si quieres consentir de una manera sana al nieto, no puedes contradecir algo que la madre te ha pedido explícitamente. Te tienes que sostener aunque sea difícil decir que no. Estamos de acuerdo que el sí es simpático y el no antipático. Esto es indudable. Pero el verdadero amor se sobrepone a nuestro temor de caer mal y que se enoje, y elige desde el mayor y mejor bien del nieto. Cuando apoyo las decisiones de la madre, apoyo su educación.

El consentimiento sano viene del deseo de *dar* al nieto y no de *tomar* de él. Permítanme explicarme. Cuando doy a mi nieto desde mi amor incondicional, el nieto se siente querido, apreciado, tomado en cuenta. Siente la alegría de conectarse conmigo, sentirse visto y recibir de la abundancia de este amor que ama gratis y no pide nada a cambio.

Por el contrario, cuando consiento para *tomar* del niño, es porque claramente quiero obtener algo a cambio: que sea yo la mejor, que esté yo por encima de los demás.

"A ver Santiago, ¿a que tu otra abuela no te compra lo que yo? ¿A poco crees que te hubiera comprado esta tableta que te acabo de obsequiar? ¿Cuándo fue la última vez que ella te llevo de viaje? ¡Apuesto a que ni te acuerdas!".

Lleno mi hueco emocional a través de sentirme importante y querida. No estoy viendo al nieto, sólo me estoy tomando en cuenta a mí misma, y lo utilizo para alimentar mi necesidad insatisfecha. Consiento, no para dar sino para tomar de él lo que me hace falta. Como un mendigo muerto de hambre, tomo las migajas que me ofrece el nieto, sin ninguna consideración para él.

Por lo tanto, al consentir hay que revisar la *intención*. Con qué intención lo hago. ¿El beneficio es para él o para mí?

Cuando quieras consentir a tu nieto, pregúntate:

1. ¿Estoy pensando en el bien para mi nieto, o en mi placer personal?
2. ¿Estoy apoyando su educación? ¿Estoy contradiciendo a sus padres?
3. ¿Lo hago por amor, o para llenar mis huecos emocionales? Darme importancia, sentirme querido, caer bien, etcétera.
4. ¿Estoy tratando de evitarme un conflicto? ¿Lo hago porque es lo más fácil y cómodo?

Si la respuesta es: lo hago por amor, porque es lo mejor para mi nieto y porque estoy apoyando su educación… ¡adelante! Pero si tienes que negarle algo, sostente, diga lo que diga. Recuerda que aunque le caigas mal en ese momento, el amor regresará permeado del respeto que se gana cuando tienes la integridad de no ceder cuando algo no le conviene. El adulto responsable de esa decisión ¡eres tú!

Si bien como abuelos queremos consentir a los nietos, hay que tener muy claro qué significa para nosotros consentir. Si por consentir entiendo hacer con ellos cosas que les gustan, disfrutarlos, obsequiarles pero con medida, y complacerlos sin contradecir a los padres, nos convertimos en una expresión maravillosa de ese amor incondicional que los hace felices. Pero si por consentir entiendo no ponerle límites para que nunca se moleste, comprarle sin medida, darle gusto contradiciendo lo que los padres piden… ¡cuidado! No estás realmente pensando en lo mejor para tu nieto, sino que estás actuando desde tu conveniencia sin consideración para su crecimiento y su maduración. Estás perdiendo tu lugar de adulto responsable y te estás ubicando como otro niño junto a tu nieto. Pero tu nieto ¡ya tiene muchos amigos! Lo que necesita es un abuelo que lo quiera pero desde ese lugar de adulto, maduro y responsable.

Los abuelos Santa Claus

Regalar es maravilloso. Nada puede darnos más placer que ver la cara de un nieto cuando le das algo que le encanta. "¡¡Gracias, gracias, gracias, abuelo!! ¡Me haces feliz!".

Cuando participamos en la alegría del nieto, el corazón se nos abre para recibir su gratitud y nos conmueve. Pero una cosa es regalar en momentos especiales o de vez en cuando, y otra muy diferente regalar todo el tiempo y sin medida.

> "Ya no sé qué hacer, me he cansado de decirle a mi suegra que ya no le regale tanto a mis hijos. ¡Es exagerado! Tienen una cantidad de juguetes que ni los cuidan y ¿de qué sirve que yo les niegue algo?, si saben que la abuela se los va a comprar la próxima vez que los vea. A veces pienso que lo hace a propósito, para contradecirme. ¡Estoy harta!".

Es muy claro lo que está haciendo esta abuela: está comprando a sus nietos. Ha iniciado una competencia para ver quién es la más querida y piensa ganarla. Para ello pasa por encima de lo que la nuera le pide porque su meta es clara: quiere ganarse el cariño de los nietos y está convencida de que sólo lo conseguirá si les compra ¡TODO!

Tenemos una concepción muy limitada de nosotros mismos si creemos que sólo nos pueden querer cuando regalamos. Pensamos que valemos muy poco si para sentirnos tomados en cuenta necesitamos comprar a las personas. Cuando esto ocurre es porque nuestra autoestima está por los suelos. Si este es tu caso, en vez de utilizar a los nietos, cultiva tu autoestima. Encuentra una terapia y busca maneras de darte a ti mismo lo que estás tratando de tomar de los demás. Reconoce tu valor y encuentra maneras de darte el amor que buscas a través de otros.

Si tratar de que te quieran puede ser una razón para regalar de más, también lo puede ser para compensar por la falta de atención. Entonces es la CULPA la que te tiene agarrado del cuello. Pero ¡la culpa es mala consejera! Cuando el nieto pide que le compremos algo, la culpa nos susurra al oído, "¿cómo no se lo vas comprar si hace tanto que no lo ves?" Agachamos la cabeza y terminamos dándole algo muy caro, que seguramente no necesita, o que no es adecuado para él.

La culpa nos hace sentir francamente incómodos cuando no damos atención, y la tentación de acallarla, a través de complacerlos y comprarles toda clase de cosas, es muy atractiva. Los niños y jóvenes aprenden desde pequeños a darse cuenta cuando nos sentimos culpables y nos manipulan para conseguir lo que quieren.

Otra razón para dar de más puede ser como resultado de las restricciones que tuve en mi infancia. Si mi familia tuvo limitaciones económicas, ahora que tengo a mi nieto le quiero comprar todo. Trato de llenar mi hueco emocional viviendo a través de él para compensar por lo que me hizo falta. Nuevamente, no estoy realmente tomando en cuenta a mi nieto, sólo estoy ocupándome de mí mismo.

¿Ya se te pasó la mano?

Desgraciadamente nos dejamos convencer por la publicidad de que ser buenos padres y abuelos es comprar cuanta cosa se anuncia en el mercado. Si antiguamente era comprarle algún juguete, ahora es también ropa de marca, el último aparato tecnológico, joyería, etcétera.

Pero ¿qué nos muestra la experiencia? Que los niños que más tienen muchas veces también son los más inconformes y los que más se aburren. Es una contradicción que si tienen tantas cosas todavía se quejen de no tener qué hacer.

Yo recuerdo que de niña la palabra aburrimiento no existía. Los niños tenían contados juguetes que recibían sólo en navidad y en su cumpleaños pero no se aburrían, porque jugar era un proceso creativo en que participaban activamente. No esperaban que un objeto los entretuvieran, y mucho menos un adulto. Inventaban todo tipo de juegos con cosas muy sencillas, como piedras y palitos que recogían en el patio. Se disfrazaban con telas o ropas de los padres y construían casas y buques fantásticos con cobijas y cojines de la sala. La imaginación del niño era la única que le podía imponer un límite a su diversión.

En aquellas épocas si un niño llegaba a aburrirse sabía que no tenía caso quejarse con su madre pues el problema no era de ella, sino suyo. Ningún padre se sentía culpable si su hijo se aburría.

Pero haciendo justicia a este tema, hay que tomar en cuenta que en la actualidad los niños también se ven afectados por que están viviendo, en muchas ocasiones, en situaciones aisladas, encerrados en departamentos o casas donde no pueden jugar con los vecinos, y que las familias son reducidas. Esto definitivamente limita su posibilidad de convivencia. Recuerdo que uno de mis hijos siempre se quejaba de sólo tener un hermano. Decía, *"No me puedo pelear con él, porque si me peleo, ¿con quién juego?"*.

No le teman al aburrimiento. Si su nieto se aburre, es su trabajo encontrar cómo "desaburrirse". Si no lo entretienen y no lo enchufan al televisor, tendrá que hacer acopio de su imaginación y ser creativo para salir de su aburrimiento. Así que, de algo negativo, si lo permitimos, puede surgir algo muy positivo.

Si deseas descubrir si estás dando de más a tu nieto, hazte las tres preguntas siguientes:

¿Aprecia lo que tiene?
¿Cuida sus cosas?
¿Las agradece?

Aprecia, cuida y agradece. Tres palabras claves que resumen si vamos por buen camino. Si la respuesta es sí, adelante.

Pero si en cambio tiene una actitud exigente, demandante y nada parece ser suficiente; si descuida sus cosas y además es poco agradecido, revisa. Estás dando de más y lo estás echando a perder.

"¿Qué pasó, Roberto, no te gustó la playera que te regalé para tu cumpleaños?", pregunta preocupada la abuela. "Está bien abuela, pero es que... no es de marca".

Detente antes de volver a regalarle y mejor concéntrate en las sugerencias que recomiendo más adelante.

Elije con cuidado lo que regalas

"¿Ya viste a nuestro nieto?" le comenta el abuelo a la abuela. "De haber sabido, le regalo de navidad, en vez del juego tan caro que le compramos, una caja de cartón. Tiene una hora jugando con ella y no deja de entretenerse".

Entre más elaborados los juguetes, menos dejan a la imaginación. Nos deslumbran con sus detalles y su sofisticación, pero la verdad es que dan pocas oportunidades para que el niño pueda crear sus propios juegos, de variar e inventar nuevas posibilidades, y por supuesto, muy pronto termina aburriéndose de ellos. Recuerdo que uno de mis hijos ahorró muchos meses dinero para comprarse un automóvil de control de remoto bastante caro. Estaba muy emocionado cuando por fin lo tuvo en sus manos. Jugó con él varios días, pero después lo guardó en su closet donde permaneció varios años, hasta que un buen día decidió regalarlo.

Antes de comprar un juguete pregúntate:

¿Estimula su imaginación o lo mantiene pasivo?
¿Puede hacer muchas cosas con él? ¿Es un juguete delicado que no le va a durar? ¿Necesita pilas?
¿Están de acuerdo sus padres de que se lo regale?

Mantente joven: juega con tus nietos

"Yo quiero darle a mi nietos, ahora que son pequeños, algo que no olviden: quiero darles recuerdos".

Armando Fuentes Aguirre, Catón

En vez de gastar en algo caro, o que el niño esté desconectado y pasivo frente a un aparato tecnológico, te doy las siguientes sugerencias para crear momentos especiales que te acercarán a tus nietos. Además de pasarla muy bien, él aprende y ¡tú te rejuveneces! Con una inversión mínima obtendrás el máximo de diversión.

1. Ofrécele lo que sólo tú puedes darle: una vista al mundo de tu infancia. Nada puede sorprender más a un nieto que saber que su abuelo no nació viejito, sino que un día también fue niño como él.

   Muéstrale **fotos de tu infancia**. Deja que escoja algunas y ayúdalo a hacer un **álbum** con sus fotos preferidas. Necesitarás un cuaderno, crayolas, lápices de colores o plumones y pegamento. Deja que lo decore y si ya escribe, que anote comentarios. Platícale lo que te gustaba hacer e incluye anécdotas de tus travesuras y fechorías. Esto te acercará a tu nieto que te verá después con ojos diferente.

"Tengo dos abuelos muy distintos: Juan y Eduardo. De mi abuelo Juan lo que más disfruto es escuchar que en la noche nos cuente sus aventuras de cuando era vaquero. ¡Me encanta imaginármelo de joven!".

"Y de mi abuelo Eduardo, hacer cosas que nunca habría hecho con mis padres. Como la vez que nos fuimos solos de viaje y desayuné galletas, comí sopa Maruchan y cené papitas. ¡Fue de lo más divertido!".

María Villalobos

Además de contarles sobre tu vida, incluye también anécdotas de sus padres. Recuerdo cuando uno de mis hijos me dijo, "¡Mamá, cómo me hubiera encantado conocerte de niña!" Cuando les platicamos a los nietos sobre la infancia de sus padres, los humanizamos.

"Recuerdo aquella vez que casi llamamos a la policía porque no encontrábamos a tu papá y estaba escondido en un closet entre la ropa, porque no quería ir a la escuela…" cuenta el abuelo. "¿Mi papá? ¿De veras mi papá hacía eso?", pregunta sorprendido el nieto.

¡No hay historias que más puedan gustarle a los nietos que las que contradicen la imagen del padre serio, aburrido y perfecto!

2. Enséñale los **juegos tradicionales** que hacías en tu infancia: el trompo, las canicas, el valero, las matatenas, la rayuela, jugar a las escondidillas, rondas o corros,

etcétera. Si necesitas refrescar tu memoria recurre al internet, busca *Juegos tradicionales.* Encontrarás una cantidad increíble de opciones.

3. Aprende "**juegos de manos y palmas**" y "**juegos de manos con hilo o cuerda**". Búscalos en el internet, hay muchísimos juegos que puedes ensayar con las filmaciones que *Youtube* que te ofrece. Tu nieto estará entretenido horas, la inversión es mínima, y ayudarás a desarrollar su destreza fina así como su atención.

4. Enséñalo a **saltar la cuerda**. Nada mejor para que mejore su coordinación gruesa. Si estás en mala condición física, no te preocupes, tú sólo tienes que "echar la cuerda".

5. Nada es más sano que el **juego imaginativo libre**, donde el niño puede ser creativo, dar rienda suelta a su imaginación y ensayar los diferentes roles de la vida.

   Junta en una canasta o caja cosas que quieras desechar: sábanas viejas, telas de todos tamaños, mascadas, fundas de cojines, cojines, cordones, ropa vieja, sombreros, piedras, palos y palas, ollas viejas, joyería, muñecos, canastas, etcétera.

   Te va a sorprender el uso que un niño le puede sacar a todo esto para jugar. Encuentro que las sábanas y los cordones son especialmente divertidos pues con la ayuda de unas sillas les permite inventar: casas, tiendas, buques, trenes, entre otros. Explícales a tus nietos que pueden jugar con todo lo que está en esa canasta, pero que si quieren incluir otras cosas tendrán que preguntarte. Así evitarás ¡que tus anteojos terminen en la canasta!

6. Invierte en libros de **adivinanzas y chistes** para niños. Te sorprenderá que hay una gran variedad y que son muy

baratos. Comparte algunos, pero conserva un acervo para tu biblioteca privada, así podrás sorprenderlo con adivinanzas y chistes nuevos que no conoce. ¡Qué mejor cualidad que desarrollar el sentido de humor en tu nieto! Pero recuerda que es importante bajarte a su nivel.

"Tengo una abuela bromista. Y como nunca sabemos lo que se le va a ocurrir, siempre nos andamos cuidando las espaldas. Como el día que llegó a mi casa de improviso y, sin que nadie se diera cuenta, le puso sal al agua de limón. Nunca lo admitió, pero sabemos que fue ella. En venganza, le pusimos un ratón en su bolsa el día de la reunión familiar. Hizo un gran escándalo, pero no nos regañó. Todas mis amigas quisieran una abuela tan divertida como la mía. Cada vez que pienso en ella ¡sonrío!".

7. Compra libros de **cuentos *sin imágenes*** que puedas leerle. Elije cuentos que no haya visto en el cine o televisión para que haga el esfuerzo mental de crear sus propias imágenes. De esta manera estarás desarrollando su imaginación esencial para todas las funciones mentales. Crea un ambiente íntimo para que se pueda concentrar: poca luz, si puedes, enciende una vela y pide que nadie te interrumpa. Narrar cuentos de manera pausada y enunciando con cuidado, enriquecerá su vocabulario y desarrollará su memoria.

Le preguntó una madre a Albert Einstein, "¿cómo le hago para que mi hijo sea inteligente?" "Léale cuentos de hadas", contestó el genio. Pensando que no la había comprendido, la mujer volvió a insistir, "no, pero para que sea realmente inteligente". "Pues léale más cuentos de hadas".

Escoge los cuentos de acuerdo a su edad, y si es pequeño, no dramatices para no asustarlo. Repite el cuento una y otra vez. Esto permitirá que el niño asimile y se aprenda el cuento. Con el tiempo podrás contarlo sin necesidad de leerlo.

8. Compra **juegos de mesa** de todo tipo e invita a participar a grandes y chicos. De esta manera aprenderán a ganar y perder, y a ser pacientes y tolerantes con los más pequeños y con los más lentos. Pero ¡ponte abusado porque te ganan!

"Abuela", dijo en voz alta mi nieta de siete años que estaba sentada a mi lado jugando Turista, "se te cayó un billete". Se había dado cuenta de que me estaba quedando sin dinero y tendría que retirarme del juego, e intentaba salvar mi honor ¡compartiéndome su fortuna! ¡Una pequeña expresión de amor de un corazón generoso!

9. Haz **un rincón artístico**: prepara una caja con todo tipo de papeles (cartulina, papel de colores, papel de china, etcétera), crayolas, lápices de colores, plumones, pegamento, brillantina, palitos y listones, cuentas. Invítalos a dibujar, hacer tarjetas de agradecimiento y decorar cartas. Puedes incluir un mantel de plástico para proteger la mesa y que hagan sus creaciones con toda libertad. Pega sus creaciones en el refrigerador, el vidrio de una ventana, en la cabecera de tu cama. Interésate en lo que hacen y motívalos, pero no los compares. Cada nieto tiene su muy particular manera de expresarse. El producto final no es lo que importa, sino el proceso.

"Descubrí que podía escribirles con plumones de color mensajes a mis nietos en los vidrios de la sala, para cuando llegaran de visita. Y ¡les encantó la idea! Ahora también ellos me dejan recados. Es muy divertido y son muy fáciles de borrar".

10. Invítalos a **cocinar**. Nada puede ser más divertido y más memorable que cocinar con el abuelo o con la abuela. Hacer galletas, pasteles, hot cakes, tortillas, pan francés, quesadillas, sándwiches, etcétera. Te sorprenderá que hasta los muy pequeñitos pueden participar si organizas para que las cosas estén a su altura y les tienes paciencia.
Enséñales que parte de la diversión incluye levantar todo y dejarlo limpio. Ayúdalos a hacer un **recetario**, donde pueden dibujar el platillo, escribir los ingredientes y cómo hacerlo. Toma una foto de tu nieto con delantal y pégala en la portada. Titula el cuaderno: CHEF con el nombre de tu nieto. Regálales de navidad un delantal con su nombre.

11. Enséñalos a **tejer**. Excelente para activar los dos hemisferios cerebrales. Haz una colchita para la muñeca, un suéter para el perrito, una bufanda para el amigo, un gorro para el invierno para el tío...

12. Invierte en cuadernos sobre **manualidades**, porque te darán un sin número de ideas.

13. Haz "excursiones" al jardín o a un parque para que esté en contacto con el mundo maravillo de la **naturaleza**. Nada más sano que llevarlo al aire libre. Observen los pájaros y el mundo fascinante de los insectos. Investiguen después juntos sobre la vida de estos animales.

14. Si están de acuerdo sus padres, regálale una **mascota** y enséñale a cuidarla. Una mascota puede ser un excelente compañero para un niño, especialmente si pasa mucho tiempo solo, y una buena manera para aprender a hacerse responsable.

15. Enséñale cualquier habilidad especial que tengas. Aprender a **reparar** cosas, por ejemplo, puede ser muy entretenido y muy útil para un niño o una niña.

16. Haz una **piñata** con ellos. Embarrar engrudo con periódico ¡le fascina a cualquier niño!

17. Entonado o desentonado **canta** con tus nietos. La música es la expresión del alma. Comparte música de tus tiempos (no dejes de incluir a Cri Cri) y permite que ellos te compartan la suya. Incluye instrumentos de percusión para hacerlo aún más divertido y **baila.** Muéstrales a tus nietos el gozo y el placer de vivir.

No te preocupes si al hacer algunas de estas actividades te encuentras igual de inexperto que tu nieto: si tienes que leer las instrucciones del juego varias veces porque no las entiendes, te equivocas al leerle el cuento, o eres torpe al bailar. Nada de eso importa. Disfruta la convivencia, porque estar con tu nieto ¡es una aventura!

El mejor regalo de todos

No olvides que el mejor regalo que puedes darle a tu nieto, es el regalo de tu amor. Nada es más importante ni más necesario. Ese amor que se expresa cuando lo cuidas, cuando te detienes a escucharlo, cuando le pones atención, cuando platicas o le cuentas un cuento. Cuando caminas a su lado o lo ves jugar. Tu presencia, sin palabras, le dice qué importante es para ti. Que tiene un lugar en tu vida y te sientes agradecido de su existencia.

"¿Qué es ese papelito que guardas bajo tu almohada, hijo?". "Es un pajarito de origami que me hizo la abuela, lo guardo aquí porque no quiero que se me pierda".

Olvidamos que un regalo, aunque sólo sea un detalle, si está permeado de cariño adquiere un significado especial para el nieto. Se convierte en un símbolo del amor que le tienes y lo guarda como algo sagrado. Lo importante no es el regalo, sino lo que representa para él. Así que en vez de endeudarte y gastar en algo caro, dale algo significativo para que sepa que lo tienes presente.

Y aun suponiendo que nunca le regalaras nada a tu nieto, pero estuvieras atento, presente, compartiendo cosas significativas con él, ¿acaso crees que no te recordaría como una persona muy importante en su vida?

Capítulo 3

Disciplina con amor para abuelos

Límites sanos en las relaciones

Los límites sanos protegen sin aislar, contienen sin aprisionar, y conservan la identidad al mismo tiempo que permiten conexiones externas. Buenos límites hacen buenos vecinos.

Anne Katherine

Toda relación sana necesita de límites respetuosos, tanto físicos como emocionales. El límite físico de nuestro cuerpo es la piel. Cada persona es responsable del cuidado de su cuerpo y tiene el derecho de decidir quién y cómo es tocado. Nadie tiene derecho a cruzar ese límite si la persona no lo desea. Esto es algo que tenemos que enseñar a los niños repitiéndoles, "tú eres dueño de tu cuerpo. Nadie tiene derecho a tocarte si no lo deseas".

Si el límite físico es claro, ¿cómo podemos determinar los límites emocionales? Anne Katherine en su libro *Límites, cuando terminas tú y empiezo yo*, explica que los límites emocionales protegen y definen al "ser", a la individualidad, a aquello que hace a la persona única como ser humano: sus ideas, sentimientos, preferencias, valores, prioridades, su historia, su personalidad, su temperamento, etcétera.

Estos límites emocionales se fortalecen cuando nos valoramos como seres humanos, cuando somos conscientes de nuestra dignidad, de que merecemos respeto y de que tenemos derecho a decir no. Cuando honramos nuestras necesidades, expresamos nuestras emociones y no permitimos el abuso.

Es un arte poner límites, saber cuándo decir sí y cuando decir no. Para que estos límites personales sean sanos necesitan ser fuertes y resistentes para protegernos y no permitir el abuso y el maltrato, pero también tendrán que ser flexibles y permeables para permitir el contacto y la intimidad.

Si sólo son fuertes y resistentes estaremos a salvo pero distantes, aislados, solos.

> "¿Por qué es tan serio el abuelo? Nunca nos habla y parece estar siempre enojado. Cuando me le acerco se pone tieso. No me deja besarlo ni acariciarlo. No me quiere, ¿verdad?".

Cuando los límites sólo son flexibles y permeables la persona está expuesta, vulnerable, a merced de los demás.

> "¿Por qué deja la abuela que el abuelo le grite de esa manera? Le dijo cosas horribles y ella sólo se puso a llorar. Conmigo es muy linda pero ¡no entiendo! ¿Por qué no se defiende?", dice exasperada la nieta adolescente.

Para conseguir que nuestros límites se fortalezcan pero al mismo tiempo se conserven penetrables, hay que saber cuándo decir "¡No! ¡Esto no es admisible! No permito que me trates de esta manera. Me voy a retirar hasta que te calmes". Y cuando decir, "Me gustaría compartirte algo íntimo que me está ocurriendo con mi hija. Me siento triste y agobiada…".

Saber con quién y cuándo intimar y cuándo cerrarnos y retirarnos si corremos peligro de ser lastimados, fortalece nuestros límites y, por lo tanto, también fortifica el "Yo". Porque estos límites definen nuestra identidad, nos dan un sentido claro de quiénes somos y qué necesitamos. Cuando se debilitan estos límites nos perdemos en los demás y vivimos a expensas de lo que otros quieren o necesitan. Un sentido poco claro de nuestra individualidad nos pone en riesgo de ser influenciables y manipulables. Nos quedamos como niños indefensos y cualquiera puede aprovecharse de nuestra vulnerabilidad y lastimarnos.

Por otro lado, cuando estos límites se vuelven duros e impenetrables, nos perdemos la oportunidad de enriquecer nuestra existencia a través del intercambio con otros. Vivimos protegidos pero nuestra vida es desabrida, insípida. Por el miedo a ser heridos, nos quedamos contracturados. Si bien hay momentos para estar a la defensiva, hay otros donde necesitamos bajar la guardia para mostrarnos, para compartir nuestro amor, nuestra alegría, nuestra gratitud, así como nuestras penas e inquietudes.

Es en la niñez que vamos desarrollando estos límites emocionales a través del trato que recibimos de los adultos significativos que nos rodean, principalmente de los padres, los maestros y... los abuelos. Y de ahí la gran responsabilidad que tenemos al criar a los hijos y a los nietos. El afecto, la atención, el interés, el cuidado y el contacto físico sano llevan al niño a valorarse y se fortalecen sus límites.

¿Qué lastiman los límites emocionales del niño? El abuso en cualquiera de sus formas: las humillaciones, los insultos, el ridículo, las burlas, el sarcasmo, la represión de las emociones, el conformismo, los juicios y la crítica, el abandono, el rechazo, la sumisión. Cuando sus límites emocionales son débiles es que permite el abuso y se convierte en víctima. Se convence de que no merece algo mejor y de que la vida está para lastimarlo.

Entre más significativa es la persona, mayor es el impacto que tiene en el niño, para bien o para mal. Por lo tanto, si estás muy cercano a tu nieto, o eres un abuelo de tiempo completo (abuelo que se hace cargo continuamente de los nietos mientras los padres trabajan, o que cohabita con ellos), date cuenta de que afectas de manera importante su desarrollo emocional, a través de lo que dices, de lo que haces o dejas de hacer, y de tus actitudes.

Como ayuda para que eduques de manera consciente a tu nieto, cuidando y fortaleciendo sus límites emocionales para que crezca seguro, con confianza en sí mismo y una alta autoestima, te ofrezco las siguientes recomendaciones.

22 Consejos prácticos

1. Cumple lo que dices

Nada hace que el nieto te pierda más rápido el respeto que el que digas cosas que no se cumplen.

"Síguele Sabina y te regreso a tu casa. Ya te dije que no puedes estar molestando a tus hermanos", amenaza la abuela. Tres minutos después, "qué no entiendes Sabina, ya te dije que si sigues ¡te regreso!". Durante toda la mañana la abuela continúa intermitentemente amenazando a la nieta que nunca deja de molestar pero tampoco regresa a casa con sus padres.

¿Qué aprenden los demás nietos? Que la abuela no tiene palabra y que pueden hacer lo que quieran.

Lo que digas se tiene que cumplir, no hay de otra. Pero por eso, **cuida lo que dices**, porque si estás enojado puedes decir una barbaridad.

"Y a ese niño ¡no lo vuelves a ver! ¿Me entiendes? ¡No lo vuelves a ver!", amenaza el abuelo.

Resulta que ese niño es el vecino y ¡se van juntos a la escuela!

2. Aprende a manejar tu enojo

Detente si estás enojado, respira hondo y cierra la boca. Si tienes la tendencia a dar el jalón, pon las manos atrás. Date unos minutos para calmarte y pensar con claridad. Espérate a estar más calmado antes de tomar alguna decisión.

Cuando estamos muy enojados el cuerpo segrega una cantidad tremenda de hormonas (adrenalina, noradrenalina, etcétera), y esta intoxicación nos impide pensar con claridad. Es por esto que las personas enojadas dicen y hacen tantos disparates. Es necesario dejar pasar unos minutos para que estas hormonas se reabsorban en nuestro organismo y podamos discurrir con claridad.

Dile a tu nieto, "estoy muy enojado y en este momento no puedo estar contigo, me voy a calmar a mi cuarto y después hablamos".

Cada uno de nosotros somos responsables de nuestras emociones, y por lo tanto, jamás podemos culpar a un nieto por nuestro enojo, frustración o rabia. Repítete:

Yo soy responsable de mis emociones.
Yo elijo cómo respondo ante ellas.

(Te invito a revisar el manejo del enojo en mi libro "Disciplina con amor tus emociones" de Editorial Pax o en la grabación "Manejando el enojo" de la serie "Honrando mis emociones").

3. No alces la voz

El abuelo que recurre a gritar muestra su impotencia. No se siente escuchado y por eso alza la voz, pues piensa que de no hacerlo nadie le hará caso.

Si es tu situación, hazte cuatro preguntas:

- ¿Por qué pienso que si no grito nadie me escuchará?
- ¿Por qué me doy tan poca importancia?
- ¿Por qué dudo de tener algo significativo que decir?
- ¿Por qué me siento insignificante?

Quizás al leer esto piensas, "exagera, yo conozco personas que gritan y no me parecen inseguros". Hay que ver más allá de las apariencias. Si necesitas continuamente gritar, hay una razón para ello. Te invito a explorar y descubrir que si trabajas con tu autoestima, empezarás a confiar en que serás escuchado sin necesidad de alzar la voz.

Si esto no te convence para cambiar, pregúntate, ¿quién quiere estar con alguien que grita? Los nietos lo toleran porque no les queda de otra, pero ten por seguro que detestan tus gritos.

¿O acaso le gritas así a tus amistades? Si la respuesta es no, entonces ¿por qué lo haces con tus nietos? Te estás claramente aprovechando de tu posición de abuelo y les estás faltando al respeto.

4. No te repitas, ni sermonees

"Todos somos sabios, hasta que hablamos".

Proverbio irlandés

No hay peor pesadilla para un niño que estar con un adulto que habla sin parar y se repite. Atolondra, fastidia y enoja. El niño lo escucha como si fuera música de fondo, música de elevador y… ¡no pone atención!

Me gusta decir que la persona que habla, habla y habla sin parar pero nadie la escucha, es porque sus palabras no tienen ni volumen ni peso y se las lleva el viento. Si quieres ser escuchado y que tus palabras tengan consistencia, tienes que permearlas de atención. La persona que habla con atención, escoge sus palabras con cuidado y no necesita repetirse.

Así que cuando quieras pedirle a tu nieto que haga algo:

1. Detente y suelta lo que estás haciendo.
2. Acércate y míralo a los ojos (así tendrás asegurada su atención).
3. Dile lo que esperas de él en tono amigable, pero firme. A menos de que tenga problemas auditivos, ¡no te repitas!
4. No te retires, hasta que haya hecho lo que solicitas.

Cuando damos atención a lo que decimos, y nos aseguramos de que el nieto cumpla lo que pedimos, se acostumbra a hacernos caso. Entonces recuperamos nuestra autoridad, el nieto nos respeta y la vida es más fácil para todos.

Y si quieres que tu nieto disfrute de tu compañía, no sermonees. No hay mejor manera para alienarlo. Dejará de escucharte y evitará estar contigo.

5. Empatiza pero no cedas

Si los padres del nieto son sobreprotectores, repelará cuando le pidas que haga cualquier tipo de esfuerzo, porque está acostumbrado a ser complacido y se ha vuelto flojo. Su tolerancia a la frustración es muy baja y se quejará cuando lo contradices. Desgraciadamente en la actualidad hay cada vez más niños así.

"Ay, abuela, es muuuucha tarea, ¡ya me cansé! ¿La puedo terminar después de ver la tele? ¡Odio la tarea, la odio!".

Puedes estar tentado en este caso a responder:

"No, no exageres, no está tan larga, si te aplicas verás que en un momentito la acabas. Tu mamá me pidió que no hicieras otra cosa hasta que la terminaras. Pero tú siempre te estás quejando…"

Al decir esto contradices lo que tu nieto siente, le haces saber que no lo entiendes y ahora ¡está más frustrado que nunca!

En cambio si le dices con voz suave pero firme,

"Sí, entiendo que te parezca muy larga la tarea y no te guste. Y que por supuesto, preferirías ver la tele, pero tienes que terminarla".

No quiere decir que le va a dar gusto al nieto escuchar esto, pero por lo menos se sentirá comprendido. No se peleen con lo que el nieto siente, por el contrario, denle la razón porque *se vale sentir todo*: frustración, impotencia, rabia, miedo, tristeza, etcétera. Ahí está la emoción, negarla o tratar de cambiarla sólo lo llevaría a reprimirla, lo cual le haría daño pues lo desconecta de sus emociones. Así que se vale sentir flojera, se vale estar harto de la tarea, se vale querer salir huyendo del colegio. Pero actuar en consecuencia de estas emociones,... esa es otra historia. Y eso es lo que quieres enseñarle a tu nieto.

La regla dorada es "empatiza pero no cedas". Dale un lugar a sus emociones pero no por eso dejes de poner el límite.

Empatizar empieza con *"e"* de *entiendo*, así que empieza lo que le quieras decir al nieto con esa palabra, *"entiendo..."* y refleja lo que está sintiendo. Entonces, será un poco más fácil para él aceptar lo inevitable: que sienta lo que sienta de todas maneras tendrá que atenerse a las reglas, cumplir con su tarea y obedecer. Que en la vida se vale sentir de todo, pero que hay cosas que se tienen que hacer *independientemente de lo que sientes*.

"Entiendo que no te guste compartir cuarto con tu hermano, pero no hay de otra porque sólo hay una recámara disponible".

"Entiendo que te enoje que te tenga que llevar en este momento a casa, pero esto es lo que me pidió tu papá".

Si no cedes, ayudarás al nieto a elevar su tolerancia a la frustración y a ser responsable.

6. Desaprueba la conducta pero aprueba a la persona

El comportamiento del niño sólo es la expresión de cómo se siente en el momento. Si tomamos esto en cuenta dejamos de juzgarlo como bueno o malo, y concluimos que si se porta mal es porque se siente mal, y si se porta bien generalmente es porque se siente bien.

Tu nieto es mucho más que su conducta, y es importante que aprendas a ver a través de ella para descubrir quién es. Cuando está agresivo o grosero, te sorprenderá descubrir a un ser asustado, lastimado. Como el animal que se vuelve agresivo cuando ha sido herido, a este nieto no le queda más remedio que defenderse. En vez de juzgarlo, interésate y corrige lo que hace sin humillarlo.

Gustavo, entiendo que estés muy enojado porque tu hermano te rompió tu cuaderno, pero ¡no permito que le pegues!

Estás siendo directo, y estás poniendo un límite claro, pero no lo estás humillando. En cambio cuando dices:

Gustavo, ¡eres un abusivo, otra vez pegándole a tu hermanito! Mira la diferencia de tamaño, no me sorprende que ¡otra vez te estés aprovechando de alguien más pequeño que tú!

Puse un límite pero lastimé. A Gustavo le queda muy claro que ha sido etiquetado como el abusivo. Ahora está resentido y tiene más razones para querer vengarse.

Renata, tú fuiste la última que usó el baño y está sucio. ¡Límpialo!

Muy diferente a decirle:

Renata, ¡eres una sucia! ¡Mira nomás cómo dejaste el baño!

En el primer ejemplo corrijo el comportamiento, la acción: el baño está sucio y lo tiene que limpiar. En el segundo, califico a Renata de sucia.

Cuando le llames la atención a un nieto asegúrate de hacer la diferencia entre lo que hace y su persona. Porque *la persona es sagrada*, no se toca, pero el comportamiento se puede corregir. Quiere decir que aunque haya hecho algo incorrecto, la respetas y confías en que puede a futuro hacer una mejor elección.

7. En vez de "malo o bueno", di "permitido" o "no permitido"

Aunque nos estemos refiriendo como bueno o malo a lo que el nieto ha hecho, existe el peligro de que haga la transferencia a su persona y concluya que el bueno o el malo es él.

Pedro, "es muy malo pegarle a tus hermanos".

El niño piensa, "Como yo les pego, debo ser malo". En cambio cuando dices:

"Pedro, "no permito que le pegues a tu hermano".

Le queda claro que desapruebas su conducta, pero no se siente calificado como malo. Eliminar las connotaciones de "bueno o malo" ayuda a preservar la dignidad de tu nieto cuando necesitas corregirlo.

8. Pon límites sin humillar

Disciplina con amor significa poner límites sin humillar. Es decir, corriges pero tienes cuidado de no insultar. Respiras hondo y le dices a tu nieta con voz firme y viéndola a los ojos lo que esperas de ella, pero sin calificarla o denigrarla:

"Natalia, quiero que te pongas la pijama".

Pero tienes cuidado de no agregar *la colita* que es lo que lastima:

"Cuántas veces te lo tengo que repetir, estás sorda ¿o qué?".

Es importante tomar consciencia de las frases que lastiman, denigran o desalientan. Muchos adultos están tan acostumbrados a decirlas y escucharlas que ya no se dan cuenta. Desgraciadamente muestran su creatividad para insultar. En vez de que estos comentarios nos causen risa, deberíamos indignarnos cuando escuchamos que un adulto se aprovecha de su posición para ofender o ridiculizar a un niño.

Aunque pienses que esto no te atañe, revisa los siguientes ejemplos para que estés pendiente:

- Otra vez ¡tenías que ser tú!
- ¡Eres insoportable!
- ¡Ya me cansaste!
- Ya no sé qué hacer contigo!
- Eres irresponsable ¡no haces nada!
- ¡Eres un flojo!
- ¡Burra!
- ¡No sirves para nada!

- ¿Qué no entiendes? ¿Estás tonto o qué?
- Eres igual de terco que tu hermano.
- Eres un chillón.
- Tú nunca entiendes nada.
- Otra vez ¡lo hiciste mal!
- Fíjate en tu hermano, tú hermano siempre hace caso.
- ¡Eres un inútil!
- Este niño no tiene remedio.
- Tú, como siempre ¡al último!
- Ya estuvo ¡ya me tienes harta!
- ¡Nada más deja que lleguen tus papás!
- ¡Me tienes harto con tu música!
- ¡Sácate, vete a jugar afuera que ya no te aguanto!
- ¡Eres un cochino, mira cómo ensuciaste la mesa!

El niño está en proceso de autodefinirse, por lo que todo lo que le dices lo impacta y desgraciadamente se lo cree. En su conciencia infantil no puede concluir, "lo dice porque está enojada". Sino que concluye, "si piensa que no sirvo para nada, es porque debe de ser cierto, porque ¡lo dice mi abuela!". Es así como marcamos la autoestima del nieto.

Así que cuida tu actitud y tus comentarios, pues puedes elevar su autoestima o aplastarla, ¡de ti depende!

9. ¡No etiquetes!

Una etiqueta es una camisa de fuerza. El niño ya no se puede zafar y, por lo tanto, está condenado a quedarse por siempre siendo lo que decimos que es. En nuestro afán de corregir, repetimos frases que no nos damos cuenta que terminan haciendo más mal que bien. Cuando a un niño continuamente le dices:

¡Cuándo no! Siempre estás distraído y todo lo olvidas. ¿Dónde dejaste tu suéter esta vez? No sé dónde tienes la cabeza. Nunca te fijas…

Si crees que por ello ahora va a poner atención, estás equivocado, porque ya lo convenciste de ser, ¡un distraído! Los pensamientos que se repiten una y otra vez terminan convirtiéndose en creencias que fijan la conducta. Este niño de tanto escucharlo ya se convenció de ser un distraído. A base de decírselo tantas veces, ya lo convenciste de ser ¡lo que no querías que fuera!

Las etiquetas lastiman. Imagínate que a ti te etiquetan como la que siempre llega tarde. Te das cuenta que aun cuando te apuras y llegas a tiempo, nadie se percata porque tú eres "la que siempre llega tarde". ¿Qué sientes: frustración, coraje, impotencia…? Finalmente dejas de esforzarte porque de nada sirve, tú eres la que siempre llega tarde.

Esto es lo que le ocurre a un niño. Una vez que está etiquetado como el difícil, el malo o el latoso, siente que es inútil tratar de cambiar y portarse bien, y se resigna a ser lo que los demás esperan de él.

10. Atiende su necesidad

Atrás del comportamiento molesto del nieto hay una necesidad insatisfecha. Si está agrediendo al hermano, aventando las cosas o faltándote al respeto, lo más importante después de poner un límite es que atiendas su necesidad.

Qué le está haciendo falta: ¿necesita atención, sentirse visto, ser tomado en cuenta? ¿No se siente aceptado, piensa que no es lo suficientemente bueno? ¿Se siente desplazado por algún hermano? ¿No durmió bien, está cansado? ¿Ha habido cambios en su vida familiar que lo están estresando? ¿Tiene problemas en la escuela?

Tómense un momento, revisen y pregúntense: ¿qué puedo hacer para que se sienta mejor? ¿Cómo puedo ayudarlo para que se relaje?

Si no atienden su necesidad emocional, seguirá molesto y continuará portándose mal.

¡No dejen que su comportamiento los aleje! Por el contrario, acérquense y muéstrenle que lo quieren a pesar de cómo se comporta. No hay nada que no sane nuestro amor.

11. Ve al nieto como si fuera la primera vez, cada vez

Presta oídos sordos a lo que otros adultos, incluyendo tíos y padres, te digan sobre un nieto en particular.

"¡Pobre de ti! ¿Te vas a quedar el fin de semana con Carlitos?", dice de forma dramática la tía. "Es un niño muy, pero muy difícil. Te vas a arrepentir de haberte ofrecido a cuidarlo, cuando estuvo en mi casa fue insoportable".

Hacerle caso a este tipo de comentarios es una gran injusticia para cualquier nieto. Todos pueden tener una mala racha, y no por eso no merecen una nueva oportunidad. Eso es lo que le ofrecemos al nieto que lo vemos fresco cuando llega a nuestro cuidado. Que le permitimos hacer un esfuerzo para corregir lo que en el pasado hizo equivocado. ¡Una nueva y maravillosa oportunidad!

Así que olvida lo que ocurrió el día anterior, la navidad pasada, la ocasión incómoda en el restaurante, el pleito en la fiesta, etcétera, y recíbelo como si fuera la primera vez que lo ves. Cuando soltamos nuestros juicios y rencores, permitimos que el nieto nos muestre una faceta distinta de su persona. ¿Acaso no es lo que todos quisiéramos de los demás?

12. Habla en positivo

Alberto, deja de estar viendo a tu hermano y no juegues con tus plumas. ¡Así nunca vas a terminar tu tarea!

En vez de decirle lo que *no* quieres que haga, dile lo que *sí* quieres.

Alberto, pon atención y concéntrate en tu tarea. Si necesitas te puedo ayudar.

Hablar en positivo, alienta, mientras que corregir diciendo lo que hace equivocadamente, no sólo refuerza lo que hace mal, sino que lo desanima. Escuchar repetidamente lo que es incorrecto desmotiva y crea un ambiente negativo e incómodo.

"Comemos con la boca cerrada."   en vez de
"No comas con la boca abierta."

"Los pies van en el piso."   en vez de
"Baja los pies del sillón."

"Con las manos acariciamos."   en vez de
"No estés pegando."

"Hablamos en voz baja."   en vez de
"No grites."

"Espera tu turno."   en vez de
"Deja de empujar."

"Baja los codos."   en vez de
"No pongas los codos en la mesa."

Decir las cosas en positivo es un hábito. Al principio te costará trabajo pues seguro estás acostumbrado a señalar los errores, pero verás que poco a poco será algo natural, y tus nietos te lo agradecerán. A nadie le gusta que le estén haciendo notar constantemente lo que hace mal.

13. Alienta a tu nieto

Si escuchas que tu nieto dice *no puedo*, tómalo como una señal que indica que debes intervenir y decir:

¡Claro que puedes! Yo te voy a ayudar para que puedas.

Este nieto necesita sentirse alentado. Alentar significa dar ese apoyo invisible para que el nieto tenga la confianza en sí mismo para lograr lo que se propone. Y aquí lo importante es sólo ofrecer la ayuda necesaria para que experimente el *sí puedo*. A veces eso significa sostener el cuaderno para que él trace, o darle alguna explicación sencilla que le facilité lo que quiere conseguir. Significa *no hacerle el trabajo*, que sólo le confirmaría nuestra maestría y su ineptitud. Dar sólo el apoyo que necesita, en cambio, afirma y alimenta su autoestima.

Cuando el abuelo alienta dando sólo la ayuda necesaria y acompaña este proceso con su atención, en silencio, fortalece al nieto y alimenta la seguridad en sí mismo.

14. Responde en vez de reaccionar

Cuando una situación parece amenazarnos, el cuerpo se activa para defendernos y a estos movimientos automáticos, sin conciencia ni deliberación, los llamamos reacciones. Si observamos, estamos constantemente reaccionando ante la vida.

"¡Ay, qué horror!" grita la madre encogiendo el pie al ver pasar una cucaracha por el suelo.

A diferencia de cuando reaccionamos, para responder necesitamos estar presentes. Significa que tenemos que anteponernos a nuestra reacción inicial para elegir lo que nos parece más conveniente. Para poder responder en vez de simplemente reaccionar necesitamos estar conscientes. Responder implica reflexión y deliberación, mientras que reaccionar es un movimiento involuntario y mecánico.

Cuando estamos frente a los nietos tenemos que aprender a responder en vez de reaccionar

"Estoy pensando dejar de estudiar", dice el nieto tratando de fastidiar a la abuela.

Ejemplo de reacción
"¿Y morirte de hambre? ¿Quién piensas que te dará trabajo?", responde irritada la abuela.

Ejemplo de responder

"¿Por qué estás pensando eso? ¿Te parece muy difícil esa materia que estás cursando?"

En el primer ejemplo, la abuela reacciona. Quizás le puede parecer una provocación por parte del nieto y lo toma de manera personal como si sólo quisiera molestarla.

Pero cuando elegimos responder en vez de reaccionar, nos detenemos un momento y consideramos la situación. Soltamos nuestra agenda interior y escogemos ser objetivos. El sentido del humor puede ser en estos casos un maravilloso disolvente de la tensión.

"Estamos pensando en echarnos de un paracaídas, ¡ha de ser muy divertido!", comenta entusiasmado Rodrigo al abuelo mientras desayunan.

Ejemplo de reaccionar

"¿Pero que están dementes? ¡Ni se les ocurra!, ¿saben lo peligroso que es? ¿Qué quieren, matarse? ¿Ya le dijeron a sus padres?" regaña el abuelo alarmado.

Ejemplo de responder

El abuelo respira profundo, "sí, puedo entender que les llame la atención. Ha de ser una sensación increíble… pero es riesgoso y sería bueno que lo comenten antes con sus padres".

El comentario de Rodrigo activa una **reacción de miedo** en el abuelo. A los adolescentes les atrae el riesgo y las emociones fuertes, así que es entendible que aventarse de un paracaídas les pueda resultar muy atractivo. Cuando el abuelo reacciona con miedo en vez de desalentarlo, puede despertar su sentido de rebeldía y animarlos a probarlo con el sólo fin de desafiarlo.

En el segundo ejemplo, cuando responde, empatiza con sus intereses en vez de reaccionar ante su provocación. Muchas de las cosas que platican los adolescentes no necesariamente quieren decir que las piensen hacer. Pero sí observan nuestras reacciones y se divierten a nuestras costillas.

Pero la razón más importante para aprender a responder en vez de reaccionar es evitar el maltrato. Cuando ofendemos y humillamos o lastimamos físicamente a un niño o joven es porque estamos reaccionando.

15. Discúlpate si ofendes

"Tengo un nieto que es tremendo, grosero, consentido, indisciplinado, y cuando estuvo en mi casa el fin de semana pasado me sacó de quicio. Me empezó a gritar cuando le dije que se sentara a comer y cuando menos me di cuenta, lo había arrastrado y aventado sobre la silla. Me siento muy mal y no sé qué hacer. ¿Le digo a mi hijo lo que pasó?".

Primero que nada el abuelo tiene que disculparse con el nieto, sin perder su lugar de adulto. "Cuando me gritas y eres grosero, me siento muy enojado, pero siento mucho haberte tratado de esa manera". Después tiene que comentar el incidente con el padre, de preferencia antes de que hable con el nieto.

Esta situación es, por supuesto, muy delicada. Si el abuelo trata de ocultar o negar el maltrato, en vez de que el incidente desaparezca, escalará. Cuando el nieto se queje, los padres se molestarán y hay una de dos, o le reclaman al abuelo, o se quedan callados y resentidos y se apartan.

Cuando por el contrario, el abuelo acepta su responsabilidad voluntariamente hay muchas probabilidades de que sea disculpado y el incidente le sirva de escarmiento para no volver a repetirlo. En la vida no se trata de ser perfectos, pero sí de tomar la responsabilidad cuando nos equivocamos.

Así que aprende a detenerte y a no reaccionar, especialmente si estás enojado. Evitarás cometer errores con tus nietos de los que después te arrepentirás.

16. ¡Cuidado con las confidencias!

"Abuela, quiero platicarte lo que hice el fin de semana con mis amigos, pero quiero que me prometas que no le dices nada a mis papás", le dice la nieta en voz baja a la abuela. "Lo siento, Renata, eso no te lo puedo prometer". "Pues fuimos a una cabaña y probamos hongos alucinógenos. Fue una experiencia increíble pero Sandra se puso muy mal y la tuvimos que llevar al hospital. Sus papás no saben porque están de viaje pero..."

A pesar del enfado y la amenaza de Renata de *"nunca volver a contarle nada"*, la abuela decidió que era importante compartir lo ocurrido con sus padres.

Cuando un nieto tiene mucha confianza, puede tomar al abuelo de confidente, especialmente si la relación con los padres no es muy buena. Corresponde al abuelo escuchar y apoyar pero sin perder de vista que *no es su amigo*, sino su abuelo. Debe *negarse a prometer que no revelará lo que le confía* pues, como en el caso anterior, al abuelo corresponde decidir si es conveniente abrirlo a los padres o no.

17. Nunca prometas

"Tú me prometiste que me llevarías a comprar mi regalo de cumpleaños ¡hoooy!", reclama el nieto. "Lo siento Gerardo, pero tuve que meter el automóvil al servicio y no me lo entregaron, así que tendrá que ser la semana entrante". "Pero es que ¡¡tú me lo prometiste!!", insiste el nieto.

Cúrense en salud, **nunca prometan nada al nieto**. De esa manera se protegen de situaciones que se salen de su control a pesar de todas las buenas intenciones que puedan tener.

Así que cuando el nieto te pregunte, "¿me lo prometes, abuelo?" Contéstale, "no, no te lo puedo prometer, pero sí te puedo asegurar que haré todo lo posible". De esta manera evitas desilusionarlo y que te pierda la confianza.

18. No pierdas tu lugar

Cuando el nieto te confronta siendo grosero o irrespetuoso, ayuda recordar, "el *adulto* en esta situación soy yo, a mí me corresponde *responder*, pues él es sólo un niño/adolescente inmaduro que tiene mucho por aprender".

Cuando trato de responder en vez de reaccionar, tomo en cuenta lo mejor para el nieto, en vez de tratar de defender mi orgullo, mostrar mi poder, o querer controlarlo. Puedo ver la situación con una perspectiva más amplia y reconocer mi papel como facilitador de esta situación, ya sea para mejorarla o empeorarla. El nieto en cambio, no tiene otra opción más que reaccionar, pues su experiencia es corta y carece de la madurez para juzgar lo que mejor conviene. Así que cuando un nieto te esté *colmando el plato*, repítete interiormente muchas veces:

Yo soy el adulto en esta situación…, yo soy el adulto en esta situación…, yo soy el adulto en esta situación…

Esto evitará que te pongas al *tú por tú*. Te ayudará a recordar quién es quién en esta situación y te prevendrá de convertirte en otro niño u otro adolescente frente a él. Si te encuentras discutiendo y peleando con algún nieto es que lo has olvidado.

19. Elimina los castigos, aplica consecuencias

Las siguientes palabras se encuentran desde siempre asociadas a la palabra castigo:

Dolor, tristeza, rabia, injusticia, golpes, miedo, encierro, privación, enojo, venganza, abuso, culpa, humillación, resentimiento, vergüenza, impotencia, etcétera.

Nunca he escuchado una palabra positiva relacionada con la palabra castigo. Es claro que siempre ha tenido una connotación negativa, y por eso cada vez que amenazamos con castigar, el nieto experimenta en mayor o menor grado estas emociones.

Debemos eliminar los castigos porque en vez de crear un sentido de moralidad o responsabilidad en el niño, sólo lo incitan a volverse más listo para no ser pillado.

"Eres una bestia, la próxima vez que no te quieras comer la carne, en vez de tirarla al suelo, dásela al perro. Así no se da cuenta mi abuela y no te castiga", aconseja el hermano mayor.

Los abuelos piensan que el nieto se ha corregido cuando en realidad sólo es más astuto, pues los castigos hacen a las personas expertas de la hipocresía y el engaño. Lo que aprende cuando lo castigan es a ser más listo, a buscar nuevas estrategias para subsistir. Así, el nieto que era inocente y honesto por miedo a ser castigado se vuelve ladino, calculador y un hábil mentiroso.

Por otro lado, los que sí parecen corregirse y obedecen no lo hacen por estar convencidos de estar haciendo lo correcto, sino por miedo, razón muy equivocada para transformar su conducta. Estos niños se vuelven sumisos porque son impotentes para defenderse de los adultos que los amenazan. Viven cuidándose las espaldas pues saben que si se pasan de la raya serán castigados. Están resentidos y son débiles, inseguros y sin confianza en sí mismos.

Y por si fuera poco, los castigos producen resentimiento y deseos de venganza, porque son arbitrarios y están basados en el poder ilimitado que ejerce el adulto. El niño se siente impotente y humillado cuando un adulto se aprovecha de su fuerza.

Muchos adultos aunque conocen estas secuelas, siguen castigando por no saber qué otra cosa hacer.

"Me choca castigarlos, pero no entienden razones y es la única forma de lograr que me hagan caso".

Pero estamos afortunadamente iniciando una nueva era en donde esto está cambiando, y es por eso que hay que observar qué sabia es la naturaleza al enseñarnos a través de consecuencias naturales que vamos por el camino equivocado. Así, cuando como demasiado, tengo malestar estomacal. Si estoy distraído puedo golpearme o caerme. Si me quedo dormido, pierdo mi cita. Si me asoleo muchas horas, se me quema la piel.

Por eso debemos dejar, siempre que no sea peligroso, que el nieto aprenda de las consecuencias que la vida le presenta. Nuestro trabajo consiste en sólo hacernos a un lado y dejar que experimente el efecto de lo que hizo o dejó de hacer. Porque **en la consecuencia está el aprendizaje.**

Miguel es muy distraído y constantemente está olvidando sus cosas. Una mañana llama por el celular, "Abuelo, se me olvidaron mis tenis para jugar futbol, ¿me los podrías traer?".

Si quieres que Miguel aprenda a poner mayor atención, tienes que dejar que viva la consecuencia de su distracción. Así tendrás que contestarle:

"Lo siento Miguelito, no puedo llevártelos, la próxima vez ten más cuidado".

Si el abuelo y otros adultos a su cargo no lo rescatan, él poco a poco irá poniendo más atención y aprenderá a ser menos distraído.

Cuando quieras aplicar una consecuencia en vez de un castigo para que tu nieto se responsabilice deberá tener las tres "R", como decía el psiquiatra infantil Rudolf Dreikurs, es decir, la consecuencia tiene que ser:

Relacionada
Respetuosa
Razonable

- *Relacionada*

La consecuencia debe estar relacionada con la acción o el comportamiento del nieto.

Por ejemplo, si rayó la mesa de la sala, la consecuencia no puede ser que se quede en el cuarto o no vea la tele. La consecuencia tiene que ser que limpie la mesa. Siempre que se pueda, tiene que reparar de alguna manera lo que ha hecho. Esto ayuda a que se responsabilice además de sentir la satisfacción de corregir su error.

Cuando un niño o joven vive las consecuencias de sus elecciones, gana en seguridad en sí mismo y crece su sentido de un mundo justo. Aprende a hacer lo que es necesario, aún a pesar de que no le guste, y de esa forma desarrolla su autonomía.

La abuela deja a los nietos jugando en su cuarto y se ausenta 15 minutos mientras contesta una llamada telefónica. Cuando regresa se encuentra con que han abierto el botiquín del baño y han regado todos sus medicamentos en el piso. "¡Sálganse de mi cuarto y voy a cerrar la puerta! Ese botiquín ya les he dicho, sólo lo puedo abrir yo. Nadie tiene permiso de tocar las medicinas. No podrán volver a jugar en mi recámara hasta que eso lo tengan muy claro".

La consecuencia no puede ser que no pueden comer dulces, o no ven su programa favorito en la tele. La consecuencia relacionada con lo que hicieron tiene que ser que varios días no podrán entrar a su recámara. Pero después puede volver a darles otra oportunidad:

"¿Creen que recuerden cómo se juega en mi recámara? Muy bien". Se asegura de supervisar a los nietos cuidadosamente, hasta que esté segura de que respetan los límites que les ha impuesto.

Con los niños mayores de seis años, puedes permitir que participen en la elección de la consecuencia.

"Estuviste jugando con agua y jabón por toda la cocina. ¿Cuál crees que deba ser la consecuencia de lo que hiciste?", pregunta la abuela a su nieto. "Pues que lo limpie todo". "Efectivamente, en el cajón están los trapos".

Tenemos que, a base de preguntar, ayudar al nieto a encontrar la mejor consecuencia para que se responsabilice de lo que hace. Cuando él encuentra la solución, es más fácil que se comprometa y cumpla, pues no siente que sea injusto ni que haya sido una imposición por parte del adulto. Entonces lo estamos encaminando a que aprenda a *responsabilizarse voluntariamente*.

- *Respetuosa*

Para que sean consecuencias y no castigos, tenemos que ser respetuosos al aplicarlas. Es decir, sin amenazar, sermonear, aconsejar, gritar o sentenciar. Hay que comunicarlas de manera:

- *Calmada...* sin enojo
- *Casual...* sin carga emocional
- *Concisa...* de forma clara y directa

Calmada: no significa que no te enojes cuando el nieto falta al respeto o rompe una regla, pero necesitas tranquilizarte antes de tratar de aplicar una consecuencia. Si no, corres el riesgo de ser demasiado severo o decir algo que no se pueda cumplir. Así que respira hondo y dile, "estoy enojado, me voy a calmar y al rato hablo contigo".

Casual: no tomes de manera personal lo que haya ocurrido y cuida tu tono de voz cuando le hables. Así evitarás que se ponga a la defensiva y terminen en una lucha de poder. Háblale como si estuvieras diciendo, "por cierto, el día parece nublado…" Si es necesario practica antes de hacerlo.

Concisa: sintetiza y di sólo lo necesario. Si sermoneas pierdes la batalla.

Si al dirigirte al nieto no estás calmado, ni hablas de manera casual y concisa estarás aplicando un castigo disfrazado de consecuencia.

- *Razonable*

Para ser razonables tenemos que tomar en cuenta la edad del nieto. No es lo mismo que tenga 4, 9, 12 o 17 años. Cada uno está en un momento distinto de madurez y esto hay que tomarlo en cuenta. A veces la reparación puede ser simbólica como en el siguiente ejemplo.

Damián juega la pelota en la sala y rompe un cristal.

Consecuencia Deberá pagar con su dinero la reposición del cristal. Pero si el niño es pequeño, podrá ser de manera simbólica, cubriendo sólo una parte del importe.

Cuando aplicamos consecuencias para educar a los nietos, tenemos que tener en cuenta nuestro objetivo: ayudar a que se responsabilice. Nuestra meta no es vengarnos, "¡qué pague por lo que hizo, para que aprenda!", ni tampoco es mostrar nuestro poder. Lo que queremos es que se dé cuenta del impacto y cambie su conducta, y por eso *siempre damos una nueva oportunidad*:

"Enrique, has estado sentado a mi lado un buen rato porque olvidaste cómo jugar con tus hermanos y les estabas pegando. ¿Crees que puedas recordarlo ahora?" "Sí". "Muy bien, vete a jugar".

Guiar a los nietos para que sean responsables implica también un acto de confianza. No nacemos responsables, porque no tenemos conciencia de cómo afecta nuestra conducta a los demás. Es un proceso lento el ir madurando para tomar a otros en cuenta.

20. Ayúdalo a desarrollar la empatía

A veces la consecuencia es hablar con el nieto para sensibilizarlo cuando lastima a otro. Es importante que lo hagas a solas y cuando ambos estén tranquilos. Habla de manera suave, si no se pondrá a la defensiva y de nada servirá tu conversación. Empieza describiendo la situación, sin hacer juicios. Hazle ver lo que sintió la víctima, para tocar su corazón.

"Mónica, en la fiesta no dejaste que tus amigas jugaran con tu prima Ana, y ella se sintió muy mal, la vi llorando en el baño. ¿Te imaginas como debe sentirse sin conocer a nadie? Debe sentirse muy sola. Creo que quiere mucho ser incluida. Tú influyes mucho en tu grupo de amigas, significaría mucho para ella que la invitaras mañana que van al cine".

Estamos tratando de despertar su empatía, no de que se sienta culpable. Vean la diferencia:

En tono acusador y alzando la voz, "Necesito hablar contigo Mónica, no me parece lo que ocurrió ayer en la fiesta. ¡Es el colmo que tú y tus amiguitas hagan a un lado a Ana que acaba de llegar! ¿Qué se creen? Por favor, que sea la última vez que esto ocurre. Mañana la incluyen cuando vayan al cine ¡o se las ven conmigo! ¿Te queda claro?"

Pobre de Ana, mejor que no la incluyan porque ¡le va a ir muy mal!

No nacemos con empatía, es decir, la capacidad para entender lo que otro siente. El niño pequeño por eso es totalmente egocéntrico y quiere lo que quiere sin tomar a nadie en cuenta. Pero conforme va creciendo nuestro trabajo es sensibilizarlo para que se convierta en un ser social que se dé cuenta de su impacto y tome responsabilidad. Pero esto es un proceso. Por eso es necesario hablar con cuidado y delicadeza para tocar el corazón de los nietos y que elijan no lastimar. De esta manera se convertirán en personas con buen corazón.

Un criminal y un delincuente carecen de empatía. Por eso pueden hacer lo que hacen sin remordimiento alguno. Si queremos que nuestros nietos sean personas de bien tenemos que ayudarlos a desarrollar la empatía a través de sensibilizarlos cuando lastiman. Hacernos los ciegos cuando un nieto se burla o insulta a otro nos hace cómplices del maltrato. ¿Queremos estar de acuerdo en seguir perpetuando la violencia y el dolor en nuestra sociedad?

Los abuelos juegan un papel primordial para transformar a nuestra sociedad. Tener este privilegio ¡es una gran responsabilidad!

21. Entrégale a tu nieto su responsabilidad

Siempre que puedas anticípale a tu nieto la consecuencia.

"El que no termine la tarea, no podrá ver su programa de tele", advierte la abuela. Emiliano pierde el tiempo jugando y cuando los hermanos se van a ver su programa reclama, "Abuela, por favor, ¡déjame ir con mis hermanos, después acabo la tarea! ¡No seas mala!" "No Emiliano, yo no soy mala. Tú elegiste no ver tu programa porque estuviste jugando y no hiciste la tarea. Mañana si quieres ver tu programa te apuras".

La frase "Tú elegiste" es muy importante. Nosotros damos las opciones y ellos eligen. Cuando se los aclaramos, les ayudamos a tomar responsabilidad de la realidad que se han creado.

22. Sé justo pero flexible

Lo rígido se quiebra, por lo tanto, hay que ser flexibles, es decir, hay que tomar la situación en consideración y puede haber excepciones.

"¿Por qué Elisa si puede contestar el celular en la mesa, si está prohibido y a mí nunca me dejas, abuela?", repela molesta la hermana. "Porque hoy es su cumpleaños y todos la quieren felicitar, así que hoy voy a hacer una excepción".

A la abuela corresponde sopesar la situación y decidir lo que es justo. Pueden haber excepciones, pero son eso, excepciones. Casos aislados donde se rompen las reglas. Ten mucho cuidado de no hacer excepciones por la presión del nieto o por favoritismo. Sería deshonesto y crearías resentimiento en los demás nietos.

Estamos viviendo una época maravillosa en la que estamos, por primera vez como humanidad, reflexionando y revisando para crecer en consciencia y heredarle algo mejor a las generaciones que siguen. Cuando contribuimos a que los nietos desarrollen límites físicos y emocionales sanos, los fortalecemos y los protegemos contra el abuso. Les enseñamos, a través de cómo los tratamos, que merecen respeto, y que es importante que tomen en cuenta sus emociones. Que tienen voz y merecen ser escuchados. ¿Acaso hay una mejor manera de expresarles nuestro amor?

Capítulo 4

Cultivando la conexión con tu nieto

Nada es más importante que cultivar la relación con tu nieto. Y digo cultivar porque no es algo dado, es algo que se va alimentando con nuestra atención, nuestra presencia, nuestro interés. Se nutre de los detalles que le confirman que tiene un lugar en nuestra vida y que cuenta. Que le asegura que nuestro amor es incondicional y que está siempre a su disposición para sostenerlo cuando lo necesite. Es esta conexión la que nos une de corazón a corazón.

Y este corazón se nutre con el amor que busca lo mejor para el nieto. Ese amor que sabe cuándo decir sí y cuándo decir no. Que se detiene y reflexiona para no dejarse llevar por el primer impulso. Que es generoso y se sabe dejar ir, pero también sabe cuándo retirarse. Es el amor que llora ante la injusticia y se conmueve ante la menor muestra de compasión. Que se regocija ante la ternura, y se entristece ante el sufrimiento.

Estamos aquí para amar, de esto no me cabe la menor duda, con un amor cada vez más puro, más ligero, más expansivo. Y es con los nietos que tenemos una oportunidad única para continuar desarrollándolo.

Pero aterricemos estos conceptos.

Conoce tu temperamento

"Mis nietos son tan diferentes que a veces me cuesta trabajo pensar que son de la misma familia. Con unos llevo una relación fácil y cercana, pero con otros me cuesta trabajo acercarme o caemos en altercados tontos. Me gustaría entender qué pasa".

Conocer sobre temperamentos te puede ayudar a entender estas diferencias. Cuando doy mis conferencias y les recomiendo a los padres que no tengan favoritos, veo como se incomodan en sus asientos. Pero después aclaro, que esto no quiere decir que con algún hijo no puedan tener una relación más fácil, más fluida que con otro. Que esto no significa que con todos tienen que tener el mismo tipo de relación. En lo que sí hago hincapié es que, independientemente del tipo de relación que tengan con cada nieto, tienen que asegurarle su cariño y su apoyo incondicional a todos.

Los seres humanos somos muy complejos. Y aunque me resisto a clasificarlos, les comparto algo del conocimiento de los temperamentos que me fue de gran ayuda como maestra para comprender las diferencias entre mis alumnos. Me permitió dejar de tratar de *homogenizarlos* para tratarlos como los seres únicos que son. Me ayudó también a conocer mejor a mi familia y mis amistades. Esta información, originalmente legada por el Dr. Rudolf Steiner, ha sido invaluable en mi aprendizaje, y es por esto que se las comparto.

Para la información más completa los remito a mi libro, "Disciplina con amor tu temperamento", de Editorial Pax.

A continuación te describiré los diferentes temperamentos para que empieces a identificarte.

El abuelo sanguíneo: es simpático, inquieto y parlanchín. Generalmente está de buen humor y es ligero y divertido. Todo le parece fácil, no toma nada en serio y es juvenil. No le gusta que le digan abuelo porque lo hace sentirse viejo. Se viste de manera jovial y cuida mucho su apariencia. Es vanidoso y prefiere que no sepan su verdadera edad, admitiendo con dificultad que es de la tercera edad. Coqueto y seductor, tratará de ser el centro de las reuniones familiares con sus chistes y su plática amena. Es muy popular y divierte mucho a los nietos pues los apoya en todas sus diversiones. Es olvidadizo y promete cosas que después olvida y no cumple, pero su simpatía facilita que todo se le perdone.

"Raquel, ¡no seas exagerada! ¿Cómo no vas a dejar ir a mi nieta a la fiesta sólo porque reprobó? ¿Ya se te olvidó o nunca fuiste joven? Ya perdónala y ¡dale permiso de ir!", aboga insistentemente el abuelo.

La vida es para disfrutarse y para el abuelo sanguíneo ¡esto es lo más importante!

"¡Madre mía!", exclama la abuela, "¡se me olvidó que me iban a traer a los nietos! Tomando el teléfono, llama a su amiga. "Comadre, te puedes quedar en la tarde con mis nietos….sí los tres, es que se me olvidó que quedé en cuidarlos y tengo algo muy importante…".

Tiene buen corazón pero pésima memoria y ¡muchos compromisos sociales!

El abuelo melancólico: Es tierno y cariñoso. Le gusta que lo abracen y habla con una voz suave y pausada. Tiene la cara larga con unos ojos grandes y bellos, de mirada lánguida. Romántico, le gustan las reminiscencias y disfrutará contarles a los nietos sobre su pasado. Le cuesta trabajo estar al día pues piensa que otros tiempos fueron mejores.

Detallista, valorará cada cosa que los nietos le regalen o le digan. Pero preocupón y miedoso, tenderá a sobreprotegerlos.

"Me parece Fernando, una locura que dejes ir a los chamacos a Acapulco. ¿Qué no ves cómo están las cosas? ¡No voy a dormir de la preocupación hasta que estén sanos y salvos nuevamente en casa!".

Es emocionalmente muy sensible por lo que exagerará las cosas y se sentirá ofendido fácilmente.

Después de cuidar dos semanas a los nietos porque los padres andan de viaje, escucha a la nieta decirles a sus padres al arribar, "qué bueno que ya llegaron, porque ya tenía a los abuelos ¡hasta el gorro!".

Este comentario insensible de la nieta adolescente lo cargará la abuela melancólica por ¡mucho tiempo en su corazón! Difícilmente olvidará y con mucho trabajo perdonará.

"Te hice estas galletitas que sé que te gustan mucho, y si quieres te llevo a comprar tu regalo de cumpleaños aunque faltan todavía 3 días", dice cariñosamente la abuela al nieto.

Siempre pendiente y detallista, no olvida tomar en cuenta el cumpleaños y el aniversario de cada miembro de la familia.

El abuelo colérico: Enérgico y fuerte, impone con su presencia. Enfocado en lo que le interesa, domina la conversación familiar con el tema de su interés. Habla fuerte y ocupa mucho espacio. Se enoja con facilidad asustando a los nietos pequeños. Competitivo, tiene sus metas claras, anima a los nietos para que se esfuercen y salgan adelante.

"Échale ganas Melissa, claro que puedes sacarte la beca. Yo te ayudo con la solicitud. En la vida no hay que encogerse, por el contrario, hay que aspirar alto. Lo que te propongas ¡claro que lo consigues!...", dice enfáticamente el abuelo.

El abuelo colérico todo lo sabe y no pide opinión a nadie. Puede ser impositivo y no acepta que lo contradigan.

"¿Qué vas a estudiar cuando acabes la preparatoria Ramoncito?", pregunta el abuelo interesado. "¿Para artista? Noooo mi hijo, así te vas a morir de hambre. ¿Cuándo has visto un artista que le vaya bien? Dedícate a la administración de empresas o por lo menos ¡estudia para abogado!" dice el abuelo categóricamente. "Yo estoy dispuesto a apoyarte económicamente, pero para algo ¡que valga la pena!".

Líder, dominante y carismático, puede ser muy atractivo para los nietos que lo siguen y lo admiran.

El abuelo flemático: tranquilo y bonachón, no le corre la vida. Se mueve y habla despacio y nunca encuentra una situación lo suficientemente alarmante como para apresurarse. Es muy paciente, aguanta todo de los nietos y difícilmente se molesta con ellos.

"Deja la lámpara, Beatriz, la vas a romper", dice suavemente el abuelo sentado en su reposet. "No Beatriz, no juegues con la lámpara, se te puede caer", repite calmadamente observándola. "Suéltala hija, se va a... ni modo, ya rompiste la lámpara Beatriz".

Observador y callado, sabe sin embargo todo lo que ocurre a su derredor. Le encanta comer y su casa siempre huele a hogar. Le importa mucho que la comida sea deliciosa y que todos disfruten alrededor de la mesa.

"Les hice las calabacitas rellenas que les encantan, y el postre de leche con las galletas de almendra", dice la abuela sonriendo al recibir a los nietos en la puerta.

Ahorrador, siempre tiene un guardadito para apoyar al que lo necesite. Recuerdo una tía flemática muy generosa que decía, "con los nietos y con los hijos, boca cerrada y bolsa abierta".

No es vanidoso y le importa poco ponerse la misma ropa siempre y cuando sea cómoda. La moda lo tiene, por supuesto, sin cuidado.

"Abuelo te encanta ese suéter, ¿verdad? Siempre lo traes puesto".

Esta es una probadita de los cuatro temperamentos, pero si te identificas con varios, no te sorprendas. Todos tenemos de los cuatro pero en distintas proporciones. Pero generalmente predomina uno o dos de ellos y dependiendo de esto, es cómo te relacionas con los nietos y sus padres.

Ningún temperamento es mejor que los otros, cada uno tiene sus fortalezas y sus limitaciones. Si tienes dudas, en mi libro sobre temperamentos encontrarás un test que te puede ayudar a definir tu temperamento.

Eres ¿autoritario o permisivo?

Si ubicas cuáles temperamentos predominan en ti, puedes concluir fácilmente si como abuelo tiendes a ser autoritario con los nietos, es decir, ser demasiado duro, o permisivo, demasiado suave. Sólo los que tienen como temperamento predominante el colérico serán autoritarios, es decir, por ser fuertes no tienen dificultad para poner límites. Los otros tres: sanguíneo, melancólico y flemático son más suaves y la disciplina se les dificulta. Puede ser que den *bandazos* y se vayan de un extremo a otro, es decir, son permisivos hasta que se hartan y, entonces, se vuelven autoritarios y pegan un grito, regañan, castigan…, pero al poco rato que se sienten culpables, regresan nuevamente a ser permisivos y dejan que hagan lo que quieran. En una palabra, les cuesta trabajo ser consistentes con la disciplina.

Todos tenemos una de estas dos tendencias: a ser demasiado suaves o demasiado duros. Obsérvate a ti mismo para que sepas cuál es tu debilidad, porque es sólo a través del trabajo personal que puedes aspirar a un punto de equilibrio que me gusta llamar *educación consciente.*

Educación consciente empieza con "e" de equilibrio, un equilibrio que no se da solo. Requiere de presencia, atención, y trabajo personal. Los que tienden a ser duros necesitan suavizarse, y los que son demasiado suaves a ser más firmes y fuertes.

El temperamento de los nietos

El hecho de que un nieto te caiga bien y otro no, puede estar relacionado con los temperamentos. Si eres colérico o sanguíneo te va a impacientar un nieto flemático, mientras que si eres melancólico te va a intimidar el nieto colérico.

Revisemos ahora, algunas características de los temperamentos en los nietos.

El nieto sanguíneo: es activo e inquieto, le cuesta trabajo estar sentado, con cualquier excusa se para, pide ir al baño o juguetea. Su cara es expresiva y generalmente está contento. Su cuerpo es esbelto y sus movimientos graciosos. Es muy sensible a los estímulos físicos y por eso su mirada pasa de una cosa a otra. Todo llama su atención: algo brillante, algo que se mueve, un ruido, y por lo tanto le cuesta trabajo poner atención. Empieza un trabajo con entusiasmo y trabaja rápidamente sin preocuparse por los detalles o si está malhecho, y muchas veces no termina porque se distrae o se aburre. Es muy sociable, con todos tiene que ver y no para de hablar. Nada le da pena, es extrovertido y le encanta la diversión. Puede ser muy ocurrente y simpático.

Recomendaciones para el abuelo del nieto sanguíneo:

- Reducir estímulos cuando hace la tarea: eliminar ruidos, música, celulares y apagar la televisión. Permitirle que tome pequeños descansos y se pare, pues no aguanta estar mucho tiempo sentado.
- Asegurarse de que termine sus trabajos y tareas.
- Si el abuelo tiene una buena relación, el nieto sanguíneo se esforzará y pondrá atención para complacerlo.
- No dejarse manipular y seducir por su simpatía cuando es necesario ponerle un límite.

- Reducir la cantidad de azúcar que ingiere para estar menos estimulado.
- Tener una rutina para comer y dormir.
- Reducir el uso de la tecnología.

El nieto sanguíneo ya es un niño estimulado, y es por eso que es importante reducir los estímulos lo más posible y cuidar su alimentación para que no se vuelva nervioso o hiperactivo.

El nieto melancólico: tiene una constitución física frágil y delicada, tiene la cara larga con ojos grandes y bellos de mirada lánguida y generalmente es delgado. La expresión de su cara es seria o triste y es callado, tímido y se apena fácilmente. Es cariñoso y dependiente y cuando es pequeño le cuesta trabajo separarse de la madre al llegar al colegio. Es muy sensible y fácilmente se siente ofendido. Tiene buena memoria y no olvida las ofensas, por lo que le cuesta perdonar y puede ser rencoroso. Le gusta quejarse para recibir atención y llora con facilidad. Su voz es suave y baja, por lo que a veces hay que pedir que hable más fuerte. Sufre cuando tiene que hablar en público. Es soñador y romántico y nos da la impresión de que *está en la luna*. Se esmera cuando hace su trabajo, pero puede tardarse demasiado cuando se pierde en los detalles. Tiene un buen amigo del que no se separa y en privado, cuando se siente en confianza, puede ser muy platicador y chistoso. Es servicial y gusta de ayudar a otros. Le encantan las historias tristes o dramáticas, pues le permiten identificarse con el sufrimiento de otros.

Recomendaciones para el abuelo del nieto melancólico:

- Cuidar que el hermano o primo colérico no se aproveche de él.
- Escucharlo con atención cuando se queja o llora, empatizar pero no darle cuerda.
- Tomar en cuenta su sensibilidad cuando lo regañamos, pero no por eso dejar de ponerle límites.
- Cuidar de llamarle la atención en privado.
- Abrirlo al dolor de los demás para que no se victimice y piense que es el único que la pasa mal.
- Tomar en cuenta su timidez pero no permitirle que sea dependiente.
- Pedirle favores para que sirva y ayude a otros.
- No sobreprotegerlo: dejar que se valga por sí mismo y resuelva sus problemas.
- Respetar su necesidad de privacidad, pero no dejar que se aísle.

El nieto colérico: es fuerte, compacto y de hombros anchos. Sabe lo que quiere y cuando algo se propone no hay quien lo detenga. Tiene buena atención, cuando algo le interesa no quita el dedo del renglón. Le encantan los retos y con su tenacidad y fuerza de voluntad vence cualquier obstáculo. Se enoja con facilidad cuando las cosas no salen como él quiere y hace berrinche, y si se enfurece puede agredir o pegar. Es competitivo y no le gusta perder. Cree siempre tener la razón y le molesta que lo corrijan o lo manden. No es sensible a las necesidades de los demás, pero su fuerza y determinación hace que otros niños lo sigan. Cuando no respeta al abuelo, lo provoca y lo reta haciéndole la vida imposible. Le gustan las historias heroicas, pues se identifica con el héroe sintiéndose invencible.

Recomendaciones para el abuelo del nieto colérico:
- Debe inspirar respeto y autoridad.
- Debe cumplir lo que dice.
- Debe saber manejar su enojo y no intimidarse con los desplantes de cólera del nieto.
- Pedirle las cosas por las buenas.
- Reconocer su fuerza y sus habilidades.
- Sensibilizarlo para que tenga empatía y no lastime.
- Darle actividades físicas que lo desgasten.
- Proporcionarle retos.
- Darle responsabilidades.

Si el abuelo se hace respetar, el nieto colérico puede ser su gran aliado, pero si no, le puede causar muchos dolores de cabeza.

El nieto flemático: es tranquilo, bonachón y complaciente. Su cara es inexpresiva por lo que uno nunca sabe lo que está pensando. No le gusta discutir, por lo que permanece callado y después hace lo que quiere. Todo lo hace lento: caminar, hablar, escribir, comer… Se toma su tiempo y le encantan las rutinas, pues los cambios lo estresan y lo sacan de equilibrio. Es solitario y los demás niños tienden a ignorarlo. No le gusta llamar la atención y prefiere dejar que otros sean el centro de atención. Es callado y un buen observador. Cuando habla se toma su tiempo impacientando a los demás que se desesperan. Es ordenado y meticuloso, y hace su trabajo con cuidado pero a su paso. Detesta los deportes porque es sedentario y no tienen ningún interés en competir. Le encanta comer y fácilmente sube de peso.

Recomendaciones para el abuelo del nieto flemático:

- Respetar su ritmo lento y darle más tiempo para que haga las cosas.
- Dar el ejemplo escuchándolo con atención cuando hable aunque tarde en expresarse.
- Estar pendiente de que otros niños no lo excluyan.
- Invitarle a algún amigo por lo menos una vez a la semana.
- Animarlo para que haga algún tipo de ejercicio que no sea competitivo.
- No permitirle que esté siempre sentado o comiendo.
- Cuidar su dieta.

Siempre que me refiero al flemático hago la aclaración de que ser lento no quiere decir ser tonto. El genio Albert Einstein era de temperamento flemático. Así que vale recordar que una persona puede ser muy rápida y nada lista, y otra ser muy lenta y sumamente inteligente.

El temperamento no es una limitación

Comprender el temperamento no significa condonar el comportamiento de la persona.

"Siempre está enojado, es que es colérico".

El hecho de ser colérico no significa que deba estar siempre enojado. Hay que revisar qué lo está estresando para que esté de tan mal humor.

"Como es sanguínea, nunca puede estar sentada".

Aunque sea sanguínea tiene que aprender a estar sentada cuando la situación así lo requiera. Si está nerviosa o hiperactiva hay que averiguar por qué.

"Así es, cuando no se queja, llora, es que es muy melancólica".

Ser melancólico no quiere decir estar infeliz. Un niño que continuamente se queja y llora necesita ayuda.

"Por supuesto, ¿qué esperabas? No va a terminar su trabajo, ¡es un flemático!".

Hay que darle más tiempo al flemático pero es importante que termine su trabajo. Ser flemático no quiere decir que no tiene que cumplir con sus deberes.

No trates de cambiar su temperamento

Hoy en día tendemos a valorar más a los temperamentos coléricos y sanguíneos y a menospreciar a los melancólicos y flemáticos. Pensar que un nieto es mejor que otro porque tiene un temperamento que nos agrada, es injusto. Estamos valorándolo desde nuestra perspectiva limitada. Querer cambiarlo por las preferencias personales es una completa falta de respeto. ¿Quién nos ha dicho que tenemos ese derecho?

Así que, conoce tu temperamento para que estés atento cuando trates de exigirle a tu nieto que sea como tú. El mundo sería aburridísimo si todos fuéramos iguales.

El choque de temperamentos

La convivencia con nietos de los distintos temperamentos nos enriquece al confrontarnos con nuestras debilidades. Cada abuelo tiene en su familia el laboratorio perfecto para aprender lo que necesita para crecer y evolucionar.

Así que tómate el tiempo para revisar las siguientes preguntas:

1. ¿Con cuáles de mis nietos me cuesta relacionarme?
2. ¿Cuáles son sus temperamentos y por qué choco con ellos?
3. ¿Tenemos el mismo temperamento, o uno muy distinto?
4. ¿Qué cosas me desesperan de ellos?
5. ¿Qué puedo hacer para mejorar nuestra relación?
6. ¿Con cuáles de mis nietos tengo una buena relación?
7. ¿En qué nos parecemos y en qué somos distintos?
8. ¿Hago diferencias con ellos? ¿Muestro favoritismo?
9. ¿Alguna vez les he dicho que son mis favoritos?
10. ¿Se queja algún nieto de que tengo "consentidos"?
11. ¿He detectado celos o envidias entre ellos?

Si contestas sí a las últimas cuatro preguntas, es importante que hagas un alto para darte cuenta que estás impactando de manera negativa la relación de tus nietos. Cuando muestras favoritismo creas un ambiente de rivalidad entre ellos, pues sienten celos por el trato que recibe el "consentido". Afectas a todos, al favorecido y a los no favorecidos. Si deseas que esto cambie, necesitas hacer un esfuerzo por tratarlos de la misma manera, y ofrecerle a cada uno tu cariño incondicional.

Las primeras siete preguntas nos ayudan a reconocer que muchas de nuestras dificultades al relacionarnos provienen de estos choques de temperamento. Entender de dónde provienen estos conflictos puede ayudarnos a ser más comprensivos.

Si eres un *abuelo colérico*, chocarás con tu nieto colérico cuando te reta o no te hace caso, te impacientarás con la lentitud y el silencio del flemático, te desesperará la debilidad del melancólico y la dispersión del sanguíneo.

Si eres un *abuelo sanguíneo*, no te engancharás con los arranques de enojo del colérico pero te desesperarán las quejas y timidez del melancólico y te aburrirá el flemático.

Si eres un *abuelo melancólico*, te asustarán los arranques del colérico, te parecerá muy inquieto y superficial el sanguíneo y demasiado callado el flemático.

Si eres un *abuelo flemático*, harás caso omiso de los berrinches y enojos del colérico, no te importarán las quejas y llanto del melancólico, y verás al sanguíneo como demasiado inquieto pero no te afectará.

Si observamos, es el abuelo flemático el que se lleva el premio con los nietos por ser el más paciente de todos. Con su calma y tranquilidad aguantará todo con una expresión estoica y los nietos harán de él lo que quieran.

Mi interés de tratar los temperamentos es para despertar tu apreciación por estas diferencias para que seas más tolerante y comprensivo. Para que aceptes a los nietos como son y no trates de cambiarlos. Pero sí puedes ayudarlos, desde la comprensión de su temperamento, a que venzan sus limitaciones y desarrollen sus fortalezas.

Cuídate también de no etiquetarlos, pues esto evitaría que los vieras con una mirada fresca cuando te muestren nuevas y diferentes facetas de su desarrollo y de su individualidad. A nadie le gusta sentirse clasificado como si fuera un insecto. El temperamento es una parte de nuestra individualidad, y si bien este conocimiento es muy útil, en ningún momento pretendo dar la impresión de que abarca toda nuestra individualidad.

¡No los compares!

Cuando comparamos a los nietos los lastimamos. Les hacemos pensar que no tienen un valor propio y que este valor depende de lo que logren. Que no nos gusta como son y que no son los suficientemente buenos. Que tienen que competir para ganarse nuestro cariño y que sólo los queremos si son los mejores.

En pocas palabras, los hacemos sentirse infelices. Porque ¿qué nieto disfruta de sentirse inseguro y menospreciado? ¿Condicionado a ser querido sólo si es el mejor?

> "Aprende de tu prima Alicia, tan linda y educada. Se comporta muy bien en la mesa y se come todo", dice la abuela con aparente orgullo a la nieta que aprieta los dientes.

> "Tu hermano Alfonso es tan buen estudiante, siempre con las mejores calificaciones, no entiendo, ¿a quién saliste tú?", reclama la abuela.

> "Tan simpática y alegre tu hermana, y tú que nunca quieres salir, que sólo quieres estar en tu cuarto leyendo. Deberías aprender de ella, ya hasta novio tiene", presume la abuela a la nieta que la quiere fulminar con la mirada.

Comparamos a veces con la intención de motivar al nieto a cambiar. Pero ¡nada más equivocado! Al comparar no sólo provocamos su resentimiento, sino que lo incentivamos para ser exactamente lo contrario. Porque se rebela dentro de él, aquella parte que con toda razón dice:

"Me niego a cambiar sólo para darte gusto. Yo soy una persona con mi propio valor, mi propia individualidad y mis propias preferencias. No tengo porque ser como otras personas. Si no te gusto, ¡ni modo!".

En vez de comparar, aprecia las diferencias entre los nietos. Reconoce sus fortalezas y dale a cada nieto su espacio. Si se están comparando entre ellos, diles:

"Ey, ey, ey, párenle. Renata es Renata y Gabriela es Gabriela, y ¡no se pueden comparar!".

"Sí Carmelita, tú eres muy buena para las matemáticas, pero tu hermano es excelente para correr".

"Tú Francisco eres muy bueno para leer, y tu hermana tiene una voz preciosa".

Cuando reconoces sus habilidades sin calificarlas ni ponerlos en competencia, aseguras a cada nieto su lugar. El mensaje es, "todos somos distintos y tenemos un valor propio. No somos comparables ni se nos puede calificar". Ante esto el nieto se siente aceptado como es y se relaja.

Vale preguntarnos, ¿quién nos ha dicho que podemos calificar a los nietos y reducirlos a un número o a una calificación? ¿Acaso vale más un nieto con buenas calificaciones que otro con un corazón compasivo?

Para concluir, el mensaje más importante que tenemos que darle al nieto es:

"Te quiero tal y como eres. No tienes que hacer nada para cambiar o complacerme, porque ya eres un regalo para mi existencia. Me siento muy afortunado de tenerte como nieto. Gracias por ser quien eres y por ser parte de mi vida".

Capítulo 5

SITUACIONES QUE RETAN

¡Estoy agotada!
Soy abuela de tiempo completo

"Mi hija está divorciada, entra muy temprano a trabajar y sale muy tarde. Para apoyarla me fui a vivir a su casa y me encargo de los nietos. Los despierto, les doy de desayunar, llevo al colegio a los grandes y me quedo con el chiquito. Siempre me siento cansada, nunca me imaginé que a mi edad ¡iba a estar criando otra vez niños!".

Definitivamente no es lo mismo ser abuela de "a ratitos" o de fin de semana, a ser abuela de tiempo completo. Si estás ocupándote todos los días de tus nietos por las razones que sean, juegas un papel muy distinto a la de la abuela que sólo es una visita. Estás sustituyendo a la madre y cargas con la responsabilidad de educarlos. Y por supuesto que ¡esto es para asustar a cualquiera!

En beneficio del respeto que te tienes a ti misma, y de la relación que tienes con la madre, o los padres de esos nietos, hay varias cosas que tienes que considerar:

1. Estos niños *no son tus hijos*, son tus nietos y tú les estás *haciendo el favor* de apoyarlos. Esto lo tienes que tener

muy claro para que te des tu lugar. He observado situaciones donde los padres exigen de la abuela y la regañan como si fuera su obligación hacerse cargo de los nietos. Se convierte en su empleada que ¡ni siquiera pagan!

Desde el momento en que tus hijos se convirtieron en adultos y se independizaron, tú dejaste de ser responsable de sus vidas. Quiere decir que sólo ellos son responsables de las consecuencias de sus acciones. Por lo tanto, si tu hija se embaraza sin estar casada, o se divorcia, o está casada pero muy restringida económicamente y quiere o tiene que trabajar de tiempo completo, esa es su realidad y su responsabilidad. No la tuya.

Así que repito: *no es tu obligación hacerte cargo de los nietos*. Los hijos son obligación de los padres, no de los abuelos.

2. Si te piden ayuda, antes de aceptar toma en cuenta lo siguiente:

- Mide tus fuerzas. Si tratas de hacer más de lo que puedes, te agotarás y terminarás enferma. Sólo tú eres responsable de cuidar tu salud. Cuidar niños es muy desgastante y los abuelos no tienen la misma energía que los padres, así que comprométete sólo a lo que puedas realizar sin convertirte en una *mártir,* sufrida y resentida.

"Yo me puedo encargar del desayuno y la comida mientras trabajas, pero de la cena incluyendo la lavada de los platos les toca a ustedes".

"Hija, del chiquito hazte cargo tú. Yo estoy cansada y sólo puedo ocuparme de los grandes".

- ¡Tú pones las condiciones! Como no estás firmando un contrato ni estás recibiendo un sueldo, puedes cambiarlas en el momento que dejen de convenirte o te sientas demasiado cansada. No pierdas de vista tus necesidades y no sacrifiques tu vida social.

"Hija, los miércoles en la tarde tengo reunión con mis amigas, así que necesito que consigas quién se quede esas tardes con tus hijos".

Si te sientes culpable al pedir esto, pregúntate ¿por qué? ¿Acaso no tiene derecho a relajarte y pasar un momento agradable con tus amistades? ¿Por qué piensas que los demás pueden hacerlo pero tú no?

- Asegúrate que te apoyan los padres para ejercer tu autoridad frente a los nietos. Si la minan contradiciéndote frente a ellos, vivirás un infierno. Por ningún motivo aceptes ayudar en el cuidado de los nietos si no te dan tu lugar sus padres.

"Mamá, dice Enriquito que le gritaste muy feo, y quiero decirte que en esta casa nadie les grita", le dice la madre a la abuela frente al nieto que sonríe maliciosamente.

"¿Te explicó que le grité porque estaba jugando con la lámpara y por poco y se le cae encima y la rompe? Creo hija que necesitamos hablar a solas".

Ya en privado le dice, "sabes, hija, si no confías en mí, me será imposible ayudarte con tus hijos. Si quieres aclarar algo conmigo puedes hacerlo en privado, pero nunca frente a ellos. Si no, me restas autoridad y me pierden el respeto. ¿Y cómo crees que puedo hacerme cargo de ellos si no me hacen caso? Piensa lo que te pido, y sólo si estás de acuerdo me comprometo a seguir haciéndome cargo de ellos".

3. Acepta apoyar *sólo si tu ayuda es valorada y agradecida.* De lo contrario, no aceptes, o retírate si las condiciones cambian. Nunca te quedes en una situación donde estás siendo menospreciada o devaluada.

"Ay, mamá, ¡no puede ser que haya este tiradero! ¿Qué hiciste toda la mañana? ¿Y no han terminado los niños la tarea? Ya te dije que lo mááás importante ¡es la tarea!", le recrimina la madre a la abuela al llegar del trabajo.

Quiérete lo suficiente para decir ¡no! ¡Esto no lo permito! Enséñales que te quieres lo suficiente para no permitir el abuso. No es tu obligación solucionarles la vida a tus hijos ni a tus nietos. Si ésta es tu situación, te animo a que te armes de valor y le contestes:

"Tienes toda la razón, hija, creo que no soy la persona indicada para apoyarte. No tengo la energía ni las ganas de hacerme cargo de tu familia. Por favor encuentra a otra persona porque no estoy dispuesta a seguir ayudándote".

¡Verás que rápido cambia de actitud tu hija! Pero si no lo hace, por favor retírate cuanto antes de esta situación que te ubica como víctima, porque tu hija, aunque te duela escucharlo, es abusiva y se está aprovechando de tu falta de autoestima.

Cómo expliqué en el capítulo anterior, estás situaciones ocurren por falta de límites emocionales sanos. Y aunque estos límites no los vemos con los ojos, es claro que marcan cómo nos relacionamos. Si sufrimos abuso en la infancia, de adultos tendremos dificultades para distinguir el comportamiento inapropiado o extremo. Permitimos situaciones abusivas porque hemos perdido el sentido de tener el derecho a defendernos. Hemos aprendido a aceptar el maltrato como una forma de vida, y no podemos imaginarnos algo distinto.

"Daniela, entiendo que no estés de acuerdo conmigo, pero no puedo permitir que me hables de esa manera frente a los nietos. Me restas autoridad, y si quieres que te ayude haciéndome cargo de ellos, me tienes que dar mi lugar. De no ser así, no cuentes conmigo".

Cuando, como en este caso, te defiendes, te empoderas. Y a una persona empoderada la respetan. La persona abusiva escoge con cuidado a su víctima, se asegura de su debilidad y vulnerabilidad, y pasa por alto a los que están seguros y fuertes. Esta fortaleza la vamos adquiriendo a través de irnos afirmando en situaciones cotidianas:

- Di lo que piensas, aunque nadie esté de acuerdo contigo, "esa película me parece demasiada violenta para niños tan pequeños". "No estoy de acuerdo en que les des tanto dinero".
- No aceptes ninguna falta de respeto, por pequeña que sea. "Fernandito, si me vuelves a hablar de esa manera, no te sigo ayudando con la tarea".
- Expresa tus necesidades de manera clara, "estoy muy cansada y necesito que me dejen tomar una siesta". "Necesito que tú empujes el carrito del supermercado mientras yo escojo la mercancía".

Habiendo aclarado todo lo anterior, hay que saber que en todas las relaciones, por sanas que sean, hay desacuerdos y fricciones. Pero mientras haya una comunicación clara, abierta, y sobretodo respetuosa, en donde las necesidades de cada uno son tomadas en cuenta, éstas se fortalecen en beneficio de todos.

"Primero que nada quiero decirte mamá, que aprecio mucho lo que haces por mí. Sé que mis hijos pueden ser agotadores y la verdad, agradezco mucho que me apoyes. Aunque esto sólo es un detalle después de todo lo que haces, te quiero invitar a que te vayas el fin de semana con tu amiga Raquel a Oaxaca. Yo sé que has tenido muchas ganas de ir y creo que podrías divertirte mucho y descansar…".

El agradecimiento invita a la generosidad. Cuando hay gratitud, queremos extralimitarnos, como si ese agradecimiento nos animará a dar aún más. El agradecimiento y el aprecio nos invitan a corresponder.

4. Si aceptas ayudar de tiempo completo y hacerte cargo de los nietos, el compromiso es de *educar*. Quiere decir que aunque tu naturaleza de abuela sólo quiera consentir y complacer, tienes que medirte porque tu nieto necesita lo que su madre le ofrecería si estuviera en casa: una rutina que le ofrezca estructura, límites y reglas claras.

Para eso te tienes que informar y estar al día. La maravilla de la época actual es que hay muchos cursos para padres y, tanto mis libros como mis conferencias grabadas te pueden ayudar a adquirir confianza para educar de una manera consciente. Te servirán para prepararte para criar a un nieto que confrontará retos distintos a los que tuvieron tus hijos. Es un gran compromiso, pero si te informas, te apoyas en tu sentido común, tu experiencia y tu deseo de servir, harás un trabajo extraordinario.

Si regaño a mi nieto, se molestan sus padres

¿Qué hacer cuando los padres consienten a los hijos y son groseros? Si son groseros cuando están los padres, es asunto de ellos corregirlos a menos que sea a ti a la que le estén faltando al respeto. No esperes a que los padres le llamen la atención, tú eres responsable de cómo te tratan.

> "Tú no me mandas, tú no eres mi mamá", dice la nieta sacándole la lengua a la abuela. "Efectivamente no soy tu madre, pero soy tu abuela y no me gusta que me faltes al respeto", contesta la abuela retirándose de la habitación.

La tendencia actual más común entre los padres es la de ser permisivos. En su afán de no querer lastimarlos y por temor a equivocarse, se paralizan y dejan que el hijo haga lo que quiera. Su intención es buena, quieren ser los mejores padres y darles todo, pero por temor a hacer lo incorrecto, dejan de asumir su autoridad. Si este es el caso con tus nietos, no trates de cambiar a los padres, respétalos aunque no estés de acuerdo, pero sí *hazte cargo de tus límites personales*. Si los nietos quieren gritarles a los padres y ser groseros, que les quede claro que contigo eso no se vale.

Es interesante observar como los niños desde muy pequeños aprenden con quién se pueden pasar de la raya y con quién no. Así que responsabilízate de cómo te tratan. Díselo de una manera muy clara.

"Discúlpame Francisco, entiendo que estés enojado porque no te dejo comer chocolates antes de la comida, pero no permito que me escupas. Si quieres escupir, para eso está el jardín. Ven, te acompaño afuera".

Le hablo claro y directo y *jamás permito que me golpee o me lastime.* Pongo un límite claro para que sepa que yo me aprecio lo suficiente como para no permitir que me falte al respeto. Pero ¿y si los padres no están de acuerdo? Entonces tendrás que armarte de valor y decirles:

"Yo respeto su forma de educar, pero no puedo permitir que sus hijos me falten al respeto. Si ustedes no están de acuerdo en que les ponga límites cuando son groseros conmigo, desgraciadamente, aunque me duela, dejaré de venir a visitarlos. De veras que lo siento, pero me quiero demasiado como para permitir que me maltraten".

¿Se necesita valor para hacer esto? ¡Claro que sí! Pero siempre recomiendo, "más vale una colorada que mil descoloridas". Si aguantas una situación abusiva, a la larga tendrás tanto resentimiento que la relación terminará de todas formas arruinándose. Tarde o temprano explotará la bomba y tendrás que reprocharte no haber puesto un límite a tiempo.

Los abuelos: reyes en su propia casa

Si cuando están en casa de sus hijos, los abuelos tienen que adaptarse y respetar sus reglas y su manera de educar a los nietos, cuando ellos visitan la casa de los abuelos, se invierten los papeles. Es decir, les toca a los hijos adaptarse a cómo los abuelos desean que sus nietos se comporten en su casa.

Corresponde ahora a los abuelos poner las reglas y las condiciones porque, repito, *es su casa*. Si no quieren que brinquen en los sofás, traigan comida a la sala o jueguen en su recámara, están en su derecho de exigirlo. Y si a sus hijos, yernos o nueras no les parece, mala suerte. Toca a los abuelos ser muy asertivos y firmes hasta que los nietos y los padres se acostumbren.

> "¿Por qué no puedo llevar comida a la sala si en mi casa si me dejan?" pregunta el nieto. "Porque ésta es mi casa y a mí no me gusta", contesta tranquilamente la abuela.

Cuando no hay reglas claras de dónde y con qué pueden jugar los nietos, los abuelos *sufren* la visita de los nietos, y cuando se retiran quedan agotados y resentidos.

> "¡Qué horror! Cuando vienen mis nietos parece que pasa un tornado por mi casa. Hacen un tiradero y sus padres ¡no les dicen nada! Se sientan muy a gusto a platicar y hacen caso omiso de todo lo que están haciendo. Cuando por fin se van, me tardo horas en recoger y acabo enojada y agotada".

A las víctimas les encanta quejarse y llorar por los rincones. Tienen un problema pero no hacen nada por solucionarlo. Si ésta es tu situación, te invito a ponerle solución. ¿Por qué hacerle de víctima cuando puedes ponerle remedio? Basta con que te armes de valor y hables con tus hijos:

> "Me encanta disfrutar cuando vienen a verme, pero necesito que me ayuden para que no se me cargue el trabajo. Quiero pedirles que sus hijos jueguen en el patio y se aseguren de que guarden sus juguetes antes de irse. No quiero que entren a mi recámara, ni tomen mis cosas, y necesito que me ayuden a alzar la cocina antes de que se vayan. De esta manera se dividirá el trabajo y yo no me sentiré agobiada cuando se van y me quedo sola".

Las primeras veces te sentirás algo incómoda de exigir que te ayuden, pero poco a poco se irán acostumbrando y entonces, todos al parejo, disfrutarán de la visita.

Pero si no te atreves a dar este paso, revisa tu autoestima, claramente estás convencida de que no mereces respeto y tus hijos tienen el derecho de aprovecharse de ti. No te engañes pensando que lo haces porque eres muy buena y porque los quieres mucho. Permitir el abuso no es de ninguna manera amarlos a ellos, ni tampoco amarte a ti misma.

Repite las siguientes afirmaciones para fortalecerte.

Afirmaciones
- Merezco ser tomada en cuenta y ser respetada por los demás.
- Mi familia me ama, me considera y me respeta.
- Tengo el derecho de poner límites cuando lo considero necesario.
- Yo soy responsable de poner límites que protejan mi bienestar.

Cuando los padres abusan del nieto

"¡Eres un estúpido, cuántas veces te lo tengo que repetir! ¡Ni parece que tienes 10 años! ¡¡¡Me tienes harto, me oíste, harto!!!" le grita el padre al hijo mientras lo golpea en la cabeza.

¿Qué hacer cuando son los padres los que abusan del hijo? Empecemos definiendo abuso como maltrato físico o emocional. Abusar significa ridiculizar, insultar, denigrar, menospreciar, atemorizar, lastimar, golpear, violar o rechazar, entre otros. Y hay grados de abuso, desde comentarios inconscientes hasta acciones y actitudes cargadas de resentimiento y odio con la clara intención de lastimar. Así que el tema del abuso es un tema complejo, por eso vale preguntarnos, ¿cuál es nuestra responsabilidad como abuelos si percibimos abuso por parte de los padres?

> "Me quise morir cuando mi nieta de tres años hizo un berrinche y mi nuera la metió en un tambo de agua fría".

> "Mi yerno es una buena persona y quiere mucho a su hijo, pero cuando está muy estresado se vuelve muy impaciente y violento. No sé qué hacer cuando se desespera y lo avienta. He tratado de hablar con mi hija, pero no me escucha".

La mayoría de los padres quieren a sus hijos, pero muchas veces su amor está limitado. Limitado por sus propias carencias y, por lo tanto, en vez de que sea un amor sano y que nutre, es agrio y diluido. Un amor recubierto a veces de miedo, vergüenza y culpa. Este padre no puede dar lo que no tiene y observar esto para el abuelo, con un camino recorrido y la sabiduría para detectar las consecuencias de estas limitaciones del amor, puede ser muy doloroso.

La pregunta práctica es, ¿qué hacer y qué decir? ¿Cuándo hablar y cuándo callar? Esto va a depender del grado de abuso y de la relación que tienes con los padres. Si el abuso es leve y la relación buena, será cuestión de encontrar un buen momento para hacer un comentario. Repito, comentario, no discurso. Y la pregunta que tengo que hacerme antes es:

1. ¿De dónde viene mi comentario? Viene de mi amor por estos padres y mi nieto o de mi parte limitada, es decir, de mi parte sabelotodo, de mi sentido de arrogancia o de mis ganas de "ponerlos en su lugar". ¿Viene de mi deseo por proteger a mi nieto, o porque

quiero demostrarles que yo sí sé educar? ¿De mi impulso para aprovechar y sacar todos los resentimientos que les tengo guardados? Porque ten por seguro que si les tienes resentimientos guardados saldrán a relucir en este intercambio, así que suéltalos antes de dialogar. Revisa con toda honestidad de qué parte dentro de ti viene este deseo de hablar con ellos.

2. ¿Qué quiero lograr con mi comentario? ¿Acaso quiero ganar, qué me den la razón, qué de una vez por todas se den cuenta de sus errores, o de lograr que haya un cambio positivo para que mi nieto se sienta más seguro y más querido?

3. ¿Cuál es el mejor momento para hacerlo? ¿Cómo puedo decírselos para que realmente me escuchen? La mejor preparación para hablar es abrir tu corazón y sentir el amor que tienes por ellos. Piensa en lo mucho que quieres a tu nieto. Tómate un momento antes de empezar a hablar y toca tu corazón. Este amor es la mejor guía para saber qué decir y cómo decirlo y para que ellos también abran los suyos y reciban lo que quieres ofrecerles. Escoge un momento en que todos estén tranquilos.

Saber tratar a los demás es un arte. Hay personas con la habilidad nata para decir las cosas más delicadas de la mejor forma. Que tienen la intuición para distinguir qué decir y cuándo, y otras con buenas intenciones pero que carecen de la empatía para percibir las necesidades de los demás y no tienen el tacto para abordarlas. Qué cada vez que abren la boca, sus palabras caen pesadas y en el ¡peor de los momentos!

Entre más delicado es el asunto, mayor cuidado hay que tener para tratarlo y lo más fácil es dejar que lo aborde la persona que mejor relación tenga con el padre o la madre. Cuando hay una relación fuerte con uno de los dos, esto permitirá que lo que siembres, caiga en terreno fértil. Pero no pierdas de vista por qué lo estás haciendo: *por amor y con amor.*

En defensa del nieto

Tenemos una responsabilidad cuando somos testigos del maltrato, porque bajar la cabeza e ignorar nos convierte en cómplices. Es interesante descubrir que la víctima a veces le guarda más resentimiento a la persona que no hizo nada por defenderlo, que al agresor mismo. La cobardía, ese miedo a actuar o contradecir, engendra rabia en el niño indefenso y vulnerable que espera más del adulto que dice quererlo.

En vez de callar o ignorar tenemos que intervenir, pero el cómo es asunto delicado:

> "¡Quítate Samantha, no me estés estorbando!", grita la madre a su hija de cinco años, mientras la jala del brazo bruscamente. La niña con cara asustada se encoje, esperando el golpe.

> "Regina, creo que estás muy alterada, permíteme que me lleve a Samantha", dice la abuela con voz firme mientras aparta a la niña, "yo me ocupo de ella mientras tú terminas tus quehaceres".

Una persona enojada puede ser peligrosa, porque no sabemos cómo va a reaccionar cuando la contradecimos, y si no tenemos cuidado, en vez de mejorar la situación la podemos empeorar. Al intervenir, nuestra meta tiene que ser proteger al niño cuando por su vulnerabilidad se vuelve presa fácil de la rabia de los padres.

En estas situaciones hay que evitar regañar, contradecir o discutir con la persona alterada, pero sí retirar al niño con firmeza para evitar que lo sigan lastimando. En otro momento, cuando la madre esté calmada, podemos aprovechar para hablar con ella.

> "Mariana sólo tiene cinco años y quiere estar contigo. Sé que estás cansada y tienes que limpiar la casa pero a ella le haces falta, y cuando le gritas y la jaloneas cuando se te acerca, la asustas y la lastimas. Si te tiene miedo, no te puede querer".

> "Yo sé que estás muy estresado porque no te está alcanzando el dinero, pero tu hijo Pedro no tiene la culpa. Yo sé cuánto lo quieres y aunque es cierto que a veces no hace caso, cuando te desesperas y le gritas, le pegas y lo insultas, lo lastimas. Tú eres muy importante para él, eres como su dios, eres su héroe. Y todo lo que le dices se lo cree. Cuando lo maltratas, lo dejas en el suelo: humillado y avergonzado".

Estos comentarios, hechos en un buen momento (cuando ambos están de buen humor), con la intención de sensibilizar al padre o la madre para que se den cuenta de su impacto, pueden ser de gran ayuda. El tono del abuelo tiene que ser amable y cariñoso para que en vez de agredir, toque su corazón y sientan el remordimiento de haber lastimado. Sólo así podrán ayudarlos a cambiar y que no lo vuelvan a repetir.

Pero también es importante escuchar con cuidado lo que dice el nieto, porque pueden haber malos entendidos:

> "Mi abuelo es muy malo", dice Nico de cuatro años. La madre sorprendida le pregunta, "¿por qué?" "Porque me dijo ¡punto y se acabó!".

Los niños interpretan las cosas a su manera, con sus recursos limitados. El abuelo en este caso quería darle énfasis a una orden y agregó "¡punto y se acabó!", lo cual el nieto imaginó ser una grosería. Pero esta historia tiene un final feliz.

La siguiente vez que llegó el nieto de visita, el abuelo lo abrazó y le susurró al oído, "te amo Nico, ¡punto y se acabó!".

Poner límites no es abusar

"Abuela, cómprame ese borrego de peluche", dice el nieto de cuatro años mientras pasean en el centro comercial esperando a su madre. "No puedo. En este momento no traigo dinero". "Pues usa tu tarjeta", replica el niño jalándole la bolsa. "Te dije qué ¡no!". "¡¡Eres muy mala, ya no te quiero!! ¡¡Eres muy mala, ya no te quiero!!" grita el niño ante la mirada sorprendida de la madre que sale de la tienda. Indignada le pregunta, "¿Qué le hiciste mamá, para que grite de esta manera?".

Tenemos que cuidar de no juzgar algo equivocadamente como abuso por la reacción desmedida del niño o del adolescente cuando grita, golpea o hace berrinches. Hay niños muy fuertes de temperamento colérico con una gran capacidad histriónica, que consiguen lo que quieren atemorizando a los adultos. Es por esto que cuando un niño hace un berrinche en público, el primer pensamiento que tienen los que observan es: "¿qué le estarán haciendo?" Y los padres, ante el miedo de que piensen que están abusando, ceden ante el capricho del niño, reforzando así este tipo de comportamientos.

Poner un límite al niño no es abusar. No comprarle lo que quiere, no darle un permiso, no permitirle que se suba al sofá con zapatos, o no dejarlo ver una película que no considereramos conveniente, NO es abusar. Cuando los abuelos o los padres cometen el error de pensar que porque el niño está molesto, frustrado, enojado o hace una rabieta porque no se le complace, está sufriendo abuso, entonces tratan por todos los medios de evitarle ese mal rato y caen en consentirlo. Están equivocados al pensar que están evitando un abuso, y lo que en realidad están haciendo es contribuir a echarlo a perder.

Es importante que el niño aprenda de la frustración que le provocan los límites que le imponen tanto los adultos como la vida misma. Como bien explica Gordon Neufeld en su excelente libro "Regreso al vínculo familiar", no hay mejor maestro para que madure un niño que la frustración que se convierte en enojo, luego en tristeza y finalmente en llanto, cuando siente la futilidad de no poder cambiar una situación. De este proceso de adaptación es que depende la maduración emocional del niño. Esos sentimientos de impotencia y futilidad que expresa el niño a través de llanto cuando no consigue lo que quiere, y que tantas veces tratamos de acallar, permiten que el niño acepte lo que está fuera de su alcance: desaparecer a su nuevo hermanito, que sus padres no se separen, que le compren la bicicleta más cara, que su amigo no se mude de la ciudad, etcétera.

Límites… frustración-enojo…impotencia-tristeza-futilidad… llanto…ADAPTACIÓN

Cuando este proceso es parte de la vida del niño, aprende a soltar su frustración y enojo, y a aceptar sus limitaciones, para que, ya en paz, pueda enfocarse en algo distinto. Este proceso lo libera de no quedarse atorado neceando en algo que no puede cambiar.

Por lo tanto, entre más adaptable es un niño, mayores posibilidades tiene de ser feliz, porque se sobrepone a las situaciones que no puede cambiar y disfruta de lo que sí está a su disposición. No malgasta su energía en aquello que no tiene remedio.

Permite que tu nieto llore

"¡¡¡Quiero un dulce!!!" berrea Pedrito de tres años. "Ya te dije que no, ya va a ser la hora de comer", contesta enfática la madre. "¡¡¡Pero es que quiero un dulceeeee!!!", sigue gritando el niño. Después de que insiste por tercera vez, la madre, al mismo tiempo que le da una nalgada, le grita, "¡¡te dije que no!! ¡¿Qué no entiendes?!". El niño llora desconsolado pero después de unos minutos se seca las lágrimas y se pone a jugar tranquilo con sus carritos.

Los padres de antaño sabían perfectamente cómo llevar al niño a aceptar algo que no querían: ¡le daban una nalgada! La nalgada lo hacía llorar y darse cuenta de que no se iba a salir con la suya. Si bien NO estoy recomendando de ninguna manera recurrir a pegarle al niño, al eliminar las nalgadas e irnos al otro extremo evitándoles todo tipo de frustración, estamos creando niños inadaptados e inmaduros. Cuando no completan este proceso que los lleva de la frustración al llanto, los niños se quedan inmaduros y egocéntricos como niños de tres años que creen que el mundo tiene que complacerles todos sus caprichos. No aprenden a contener sus impulsos ni a tomar a otros en cuenta.

"¿Qué te pasa? ¡No llores Juanito, que no eres niña! Sólo las niñas lloran, o que, ¿quieres ser mariquita? ¡Aguántate, como los hombres!".

¿Nos sorprende que haya tanta violencia masculina? Cómo no va a existir si se les exige a los niños varones que tapen su vulnerabilidad y repriman sus emociones. Pero esa frustración necesita encontrar salida, pues cuando no se libera a través del llanto se va acumulando y se manifiesta como agresión o violencia. Desgraciadamente hemos identificado equivocadamente a la masculinidad con esta represión y falta de sensibilidad, y luego nos quejamos cuando los padres son duros, severos y lastiman a los hijos.

Permitan que sus nietos lloren: nieto y nieta. Abrácenlos y ofrézcanles consuelo, pues no hay como los brazos de una abuela o un abuelo para sanar esas heridas del corazón. No hay como una palabra de aliento del abuelo para que el nieto se sienta fortalecido. Al encontrar ese refugio seguro en donde resguardarse cuando el mundo se vuelve atemorizante, se siente a salvo y tiene un espacio para recuperarse. ¡Nada da más alivio que el cariño de los abuelos!

Tengo un nieto difícil

Ámame cuando menos lo merezca,
porque es cuando más lo necesito.

Proverbio Chino

Cuando un nieto es difícil es porque está descontento y necesita ayuda, pero no sabe cómo pedirla. Quiere ser visto, tomado en cuenta, escuchado, pero su comportamiento sólo produce fastidio. Anhela ser aceptado, pero sólo provoca rechazo; y aunque ansía ser rescatado, su conducta incita a que lo hagan a un lado. Entre más necesitado y dolido está, peor se comporta y menos lo aguantamos. Entre más lo rechazamos, más necesitado está y peor se comporta… y así sucesivamente.

¿Cómo podemos cortar este círculo vicioso para ayudarlo? A través de darle aceptación y atención.

- *Aceptación*
  Para aceptar a alguien, primero tenemos que *verlo,* conocerlo, saber quién es, cómo es, qué prefiere, qué le gusta, qué le disgusta, qué le interesa, qué le fascina, qué le molesta.

  Así que *ve* a tu nieto, a ese chico difícil que a la mejor tiene harta a la familia. ¿Cómo es realmente? ¿Quién es atrás de ese comportamiento provocador, irritante que invita a rechazarlo? ¿Quién está ahí, dolido, asustado, triste?

  Si haces a un lado los juicios y las ideas que ya tienes de él, te va a sorprender encontrarte con una persona desconocida. Atrás de esa conducta hostil, hay un ser que añora ser aceptado como es. Hay una chica o un chico que quizás están desesperanzados porque no ven salida a sus dificultades o que están decepcionados porque no han encontrado un adulto en quien confiar. Atrás de ese nieto nervioso y retador, a la mejor descubres a un ser confundido que necesita que le tiendas la mano.

- *Practica el "no sé"*
  El dicho, *"ojos vemos, corazones no sabemos",* es un dicho muy sabio. Tenemos siempre que partir de que no

sabemos qué le pasa, aunque pensemos que conocemos muy bien la dinámica de su familia. Piensa:

No sé de dónde viene su molestia ni qué le pasa, sólo sé que no se siente bien. Qué algo lo irrita y que yo puedo tratar de aliviar esa incomodidad. ¿Qué puedo hacer para que se sienta mejor, más relajado?

Colocarnos en esa postura de *no sé* es un acto de humildad. Significa partir de cero para abrirnos a que el nieto nos muestre lo que le hace falta. Soltar nuestras ideas preconcebidas y verlo con ojos frescos. No juzgar ni criticar, sino aceptar. Aceptarlo tal y como es.

Observa al nieto frente a ti y toma cierta distancia interior para que puedas elegir la mejor manera de auxiliarlo. Tu intención es tenderle la mano para que sienta un apoyo firme. No te distraigas juzgando ni criticando a su familia, pensando en lo que debieron haber hecho por él o ella, porque tu verdadero trabajo no es ese. Es aceptar a tu nieto como el ser íntegro que es, con sus debilidades y sus fortalezas. Con sus defectos y sus cualidades, sus buenos momentos y sus malos ratos. Con todos sus estados emocionales, dudas, confusiones y contradicciones.

- *Atención*
¡Si sólo nos diéramos cuenta del alcance que tiene brindar a este nieto el regalo de nuestra atención! Cuando le damos atención nos conectamos de corazón a corazón para alimentar y nutrir su alma. Como vitaminas concentradas, esta atención reanima y fortalece su escuálida vida emocional. Porque dar atención es una forma de amar. Sólo damos atención a lo que realmen-

te queremos, a lo que nos importa. Para ello necesitas estar presente, en el momento, con la intención de acompañarlo. Cuando te interesas en conocerlo y él se siente visto y tomado en cuenta, tocas su corazón y ayudas a sanarlo. Sí, curas esas heridas que lo incitan a apartarse o comportarse como un majadero.

Así que, pon en práctica tu amor. Crea momentos especiales para platicar y compartir con él. Invítalo a salir solo. Interésate en lo que le gusta. Escucha su música y que te platique de sus artistas o grupos favoritos. Regálale un detalle. Llévalo al cine y comenta una película. En una palabra, hazlo sentir especial.

Empezarás a ver una transformación en tu nieto que te sorprenderá. Tú, el abuelo, ¡hiciste la diferencia en su vida!

No me dejan ver a los nietos

"Mi hija y yo siempre hemos tenido problemas para relacionarnos, pero adoro a mis nietos y sé que ellos también me quieren mucho. Hace unas semanas tuvimos una discusión, y a partir de entonces no me deja ver a sus hijos. Tengo el corazón deshecho pero no sé qué hacer".

Nada más doloroso para un abuelo que restringirle el acceso a los nietos. Cuando los padres utilizan a los nietos para castigar o vengarse de los abuelos, lastiman a toda la familia, pues todos pierden la oportunidad de disfrutar de esta convivencia única. Sacrificar a los nietos de esta manera es inmaduro, pero desgraciadamente para los abuelos, los padres tienen la última palabra.

Muchas cosas pueden estar aquí en juego: celos, envidias, hasta viejos resentimientos que, por supuesto, nada tienen que ver con los nietos, pero sí mucho que ver con situaciones emocionales no resueltas por parte de sus padres. Los nietos son simplemente chivos expiatorios.

En estos casos, vale la pena hacer a un lado el orgullo y revisar con cabeza fría, haciendo caso omiso de animadversiones pasadas, para sanar la relación con los padres. Toca a las personas más maduras (que esperemos sean los abuelos) sopesar los hechos para encontrar una solución que les permita volver a ser incluidos en sus vidas.

Perdonar y **olvidar** son los antídotos perfectos para curar viejos resentimientos con tal de volver a ver a los nietos. El perdón es un acto de amor. Cuando perdono reconozco la parte humana del otro. Entiendo que todos podemos equivocarnos y acepto el error como un medio de aprendizaje.

El primer paso para perdonar es *comprender por qué se comportan de esa manera*. Yo puedo comprender, por ejemplo, por qué mi nuera es tan celosa y no me deja acercarme a sus hijos si sé que ella sufrió vejaciones en su infancia. Entonces, entiendo que sus heridas la llevan a tener esas conductas. En este caso, puedo perdonar el por qué lo hace, aunque no pueda todavía perdonar que me mantenga apartada.

Busca la causa y empatiza con los padres para comprender qué les ocurre. Consulta con otras personas para que te ayuden a entender sus actitudes y trata de hablar directamente con ellos. Pregunta y ábrete a escuchar. Haz un esfuerzo por hacer a un lado tus recriminaciones y trata de comprender.

"Jéssica, me gustaría saber si hay algo que yo haya hecho que te haya molestado. Si es así, me encantaría comentarlo porque me interesa mucho nuestra relación y tus hijos, mis nietos, son importantísimos para mí. Si hay algo que pueda corregir, me gustaría saberlo".

Humildad para preguntar con el sincero propósito de corregir nuestros errores puede salvar una situación para reanudar la relación con los nietos. Entre más consciencia tenemos, mayor será nuestra capacidad para ser humildes y comprender que nuestra *pequeña verdad* limitada, muchas veces evita que tengamos una perspectiva más amplia para ver *la Verdad*.

Si tu nuera, hija, hijo o yerno deciden compartirte su sentir, escucha y no te defiendas. Aunque no estés de acuerdo, enfócate en tu meta: reanudar la relación con los nietos. Qué vale más la pena, ¿tener la razón o volver a verlos?

Pero si no desean hablar contigo, por difícil que sea, acepta que *por un tiempo* (esto lo hará más tolerable), no los verás con la frecuencia que tú quisieras. Aprovecha al máximo el tiempo cuando sí estés con ellos para gozarlos y disfrutarlos.

Recomendación importante: ¡Nunca, nunca hables mal de los padres con los nietos! Aunque te parezca terrible lo que hacen o dicen, no lo comentes con ellos. Guarda silencio aunque sean tus nietos quienes critiquen a sus padres o protesten, porque en un momento de indiscreción, lo que tú digas podrá ser utilizado en tu contra y los padres tendrán nuevamente un motivo para apartarte. Desahógate con tus amistades o con tu pareja, pero *nunca con los nietos*.

> "Mi nuera siempre tiene algún pretexto para no permitirme ver a los nietos. Ellos la pasan increíble cuando estamos juntos, pues yo me desvivo porque disfruten, pero tengo que mendigar para que me los presten. He intentado hablar con mi hijo, pero no ha servido de nada".

¡Cuidado de no ser demasiado acaparadores! Si la madre o el padre sienten, aunque sea de manera inconsciente, que estás usurpando su lugar, retirarán al hijo. Instintivamente dirán, "¡quítate, que este niño es nuestro!" Los celos surgen cuando las personas son inseguras y temen perder a la persona amada. Si la madre o el padre se sienten inciertos en su relación con el hijo, evitarán que otras personas se acerquen. Así que en estos casos hay que cuidar darles siempre su lugar. Di en voz alta frente a ellos:

> "Me encantaría que me acompañaras, pero primero necesitamos consultarlo con tu mamá".

> "No podemos tomar ninguna decisión hasta haberlo platicado con tu madre, porque ella es la que manda".

> "No estoy seguro, primero hay que hablarlo con tu padre porque él es el que decide".

Cuando la madre y el padre se sienten tomados en cuenta y seguros de ser los responsables número uno del hijo, se relajan y pueden confiar para dejarlo en manos de los abuelos. Así que cuida que todos tus comentarios apoyen en este sentido.

Quieren más a la otra abuela

> "¡Quiero irme con mi tata Rosita, quiero irme con mi tata Rosita!", grita desaforado mi nieto, mientras siento como la rabia invade mi ser.

¿Duele? ¡Claro que duele! En primer lugar, ¿a quién le gusta sentirse comparado? Y tratándose del nieto, por supuesto que es aún más doloroso. Así que respira hondo y dile:

"Entiendo que preferirías estar con tu otra abuela, pero yo estoy feliz de estar en este momento contigo. Y aunque sé que quisieras que te comprara ese juguete, no lo voy a hacer".

Un nieto que te dice que prefiere a la otra abuela, probablemente lo hace por los siguientes motivos:

1. Está molesto y quiere vengarse lastimándote. Es increíble que hasta un niño muy pequeño puede encontrar ¡nuestro talón de Aquiles!
2. Trata de encontrar maneras para conseguir lo que quiere. Compararte con la otra abuela que todo le da y todo le compra (lo cual puede o no ser cierto), es una estrategia para conseguir lo que desea. Pero, ¡cuidado!, porque si consigue lo que quiere, se convertirá en la nueva manera de manipularte.

Así que nuevamente repítete, "yo soy el adulto en esta situación, él es el niño... Yo soy el adulto en esta situación, él es el niño... Yo soy el adulto en esta situación, él es el niño...".

Porque si lo olvidas, te convertirás en otro niño igual que él.

"Pues vete con tu tata Rosita, a mí ni creas que me importa. Tanto que dices que te quiere y ¿hace cuánto que no te ve? A ver dime, ¿hace cuánto que no te ve?", le contesta furiosa la abuela.

Has perdido tu lugar y te has puesto *al tú por tú*. Ya te enganchaste y definitivamente, cada vez que abandonas tu posición de adulto, pierdes.

Los abuelos vienen en una gama impresionante de estilos, cada uno aportando lo suyo. Uno complementando al otro.

Mis abuelas fueron muy importantes en mi vida. Mi abuela paterna hablaba ocho idiomas, era exigente, rígida y muy difícil de complacer. Temía contrariarla y nunca sentí que yo le agradara.

A mi madre tampoco la aceptaba porque no la consideraba lo suficientemente buena para su hijo.

Solo fue al crecer, cuando leí los libros que leía, ver el orden con el que mantenía sus cosas, compartir su interés por hablar varios idiomas, constatar su conocimiento acerca de la salud integral, las prácticas de yoga y su amor por los cristales curativos, que me di cuenta de lo mucho que tengo de ella y cómo nos faltó tiempo para que yo pudiera aprender de su experiencia.

Mi abuela materna en cambio, fue una mujer de campo, amorosa, emocional, que conversaba y compartía sus ideas y cantaba todo el día. Recuerdo con agradecimiento los veranos que se hacía cargo de mí y de mi hermano.

En retrospectiva me reconozco también en ella, en su capacidad para vivir y expresar lo que sentía, su fe y entusiasmo por la vida, su amor y entrega a su pareja y familia, por su involucramiento en la vida de su comunidad, su manera de cocinar, y por el huerto que ella y mi abuelo tenían en la parte trasera del jardín y que me enseñaron a cuidar.

Es muy gratificante para mí saber que llevo dentro de mí partes esenciales de las mujeres que criaron a mi madre y a mi padre. Aunque me llevó tiempo discernir la esencia de sus vidas y temperamentos, hoy me siento profundamente enlazada y agradecida con mis raíces y orígenes y puedo compartir sus dones con mis pacientes, mis estudiantes y las personas cercanas.

Laurence Fontaine

Cada abuelo tiene su lugar. Cuando tengas la tentación de compararte, pregúntate ¿por qué? ¿Acaso te estás sintiendo inseguro? ¿A qué le temes? Porque atrás de estas comparaciones hay inseguridad y miedo. Miedo a perder el amor, a ser rechazado, a no ser lo suficientemente bueno, etcétera. Reconoce esos sentimientos y trata de darte lo que te hace falta: amor.

"Sí, yo conozco bien a tata Rosita, y es muy simpática. De seguro que la pasas muy bien con ella. A mí también me cae ¡muy bien! Pero en este momento estás conmigo y eso me hace feliz. Vamos a ver, ¿qué libro te gustaría que te leyera?".

Desengánchate y suelta. El adulto en ti comprende la inmadurez del niño y destapa sus juegos. Sé más inteligente que él y no te dejes envolver en sus manipulaciones.

"Cómete tus ejotes. Tu mamá me dijo que tenías que acabarte la verdura", le dice la abuela a la nieta de cuatro años. "¡¡Yo no te quiero, me quiero ir con mi abuela de a verdad!!" le contesta la niña furiosa.

¿Qué decir cuando quieren más a la otra abuela porque la ven más seguido y tienen una relación más cercana con ella? Pues que no queda de otra más que aceptarlo y no compararte. Alimenta tu relación y date cuenta que cada abuelo aporta algo distinto. Que no estás en competencia y *no te enganches*. En el caso anterior puedes contestar:

"Entiendo que no te gusten los ejotes, a mí tampoco me gustaban de niña. Es más, me chocaban, pero igual que tú me los tenía que comer porque tienen muchas vitaminas. ¿Qué te parece si te comes estos dos, para que podamos ir a tu cuarto y jugar ese juego nuevo que te traje?", dice la abuela con voz suave pero convincente.

Para ayudarte a que no te compares te ofrezco las siguientes afirmaciones que puedes repetir cuando estés tentado a entrar en competencia con los otros abuelos. Anótalas y ponlas en algún lugar visible y repítelas mentalmente para que cambies tus pensamientos y actitudes. Entre más frecuentemente lo hagas, más rápido se darán esos cambios.

Afirmaciones
- Yo soy único e incomparable. Lo que yo aporto, nadie más puede darlo.
- Mi amor es único e incomparable.
- Poseo lo más importante para darle a mi nieto: mi atención y mi amor.

Sólo me buscan cuando les convengo

Esta es una situación interesante. Quiere decir que los nietos y sus padres ya se acostumbraron a recibir y los abuelos sólo a dar. Esta situación está claramente fuera de equilibrio. Cómo se inició, no importa pero hay que remediarla. Porque si no, al permitir los abuelos que los utilicen, estarán apoyando el egocentrismo y la inmadurez tanto de los nietos como de sus padres.

> "Abue, necesito que pases a dejar el dinero para la excursión de la escuela a la casa a más tardar esta noche, porque necesito entregarlo mañana", dice apresurado el nieto dejando un mensaje telefónico en la contestadora. "¿Roberto, tú escuchaste que dijera por favor o gracias?" le pregunta la abuela al abuelo cuando escucha el recado.

Estas situaciones no se dan solas, las creamos o las permitimos. Cuando los abuelos por amor dan, dan y dan, el nieto se acostumbra a recibir, recibir y recibir. Pensando que así son las cosas y que ésta es la ley de la vida, olvida agradecer convencido que todo se lo merece.

Si estos abuelos desean cambiar esta situación, es muy sencillo. Simplemente no llevan el dinero ni llaman al nieto.

> "Abue, ¿qué pasó? Por qué no me trajiste el dinero, te dejé recado y ¡te dije que era importante!" reclama el nieto a la abuela. "Andrés, creo que has olvidado que no es mi obligación darte dinero cada vez que lo necesites. La próxima vez, asegúrate de pedirlo de otra manera porque me gusta que me digas "por favor" cuando quieres algo, y también que me lo agradezcas".

Nosotros desubicamos a los nietos cuando permitimos que nos maltraten, cuando respondemos a sus exigencias a pesar de que son groseros e irrespetuosos. ¡Hay que ponerlos en su lugar! El nieto no tiene derecho a mandar ni exigir a los abuelos. Si están acostumbrados a hacerlo con los padres, los abuelos tienen que ponerles un alto.

Padres paseadores

> "Pedro, no vamos a la cena de los compadres porque Sandra y Santiago tienen una boda y quieren que nos quedemos con los nietos", informa la abuela. "¿Cómo? Pero si el fin de semana pasado se fueron a Valle de Bravo y también se los cuidamos, y la anterior también tenían, ya ni me acuerdo qué, y también nos los dejaron. ¡Por qué no les dijiste esta vez que teníamos un compromiso!", reclama molesto el abuelo.

El abuelo tiene razón. La abuela no sólo no lo toma en cuenta, sino que les da a los padres la impresión de que están incondicionalmente a su disposición. Y al igual que con un niño pequeño, los *echa a perder*. Equivocadamente les hace pensar que sólo sus deseos cuentan y que están para servirlos antes que nada.

Cuando los abuelos se prestan para que los padres crean que pueden continuar con sus vidas de solteros como si no tuvieran hijos que atender, porque siempre están dispuestos a "hacerles el quite", no sólo fomentan su irresponsabilidad, sino que también afectan a los nietos. Por amorosos que sean los abuelos, ellos *necesitan a sus padres*. Y una cosa es apoyar, y otra muy distinta tomar su lugar porque están muy ocupados divirtiéndose. Cuando los padres continuamente prefieren estar con sus amigos o de viaje, los hijos pasan a segundo término y se sienten abandonados. Contribuir a perpetuar esta situación convierte a los abuelos en cómplices.

Abuelos de padres separados

"No entiendo qué pasó con mi hijo. Un día me dijo que se iba a divorciar y me dejó con la boca abierta porque no me lo imaginaba, pero como no es de muchas palabras, no me dio más explicaciones. Después me enteré, por otro lado, que andaba con una mujer con la que trabaja. Mi nuera, quiero decir, mi exnuera, está por supuesto que muy resentida, y cada vez que la visito me hace comentarios que me hacen sentir muy incómoda, y yo, ¿qué puedo hacer? Pero quiero mucho a mis nietos y los quiero seguir viendo. No sé cómo manejar esta situación".

Nadie puede juzgar una relación. Como bien dice el dicho, "ojos vemos, corazones no sabemos". Por qué decide separarse una pareja, sólo a ellos les incumbe, y aunque estemos en contacto con ambos, siempre hay cosas que ignoramos. Pasar juicio sobre los padres nos separa de ellos y los lastima. Cuando discutimos, aconsejamos o regañamos nos convertimos en un problema más para ellos y entonces, no es de sorprendernos que seamos los últimos en enterarnos cuando tienen dificultades.

Es un hecho que cuando los padres se separan están emocionalmente muy afectados y no pueden ocuparse de los hijos. Repito, *no pueden ocuparse de los hijos*, no es que no quieran, es que ¡no pueden! Porque cuando hay una crisis, el exceso de estrés produce un efecto narcisista que no permite a los padres más que atenderse a sí mismos. Toda su atención está en su problema y el estrés consume toda su energía. Los hijos, en consecuencia, se quedan abandonados en momentos de gran inseguridad y miedo. Es aquí donde los abuelos pueden hacer una gran diferencia haciéndose cargo de ellos.

Como abuelos, la mejor ayuda que pueden ofrecer a la familia es apoyarlos ocupándose de los nietos. Sin juzgar, sin criticar, con la boca cerrada, estando ahí cuando se encuentran tan urgidos de un apoyo sólido. ¿Quién mejor que el abuelo para que este nieto tenga un puerto seguro donde resguardarse y sentirse a salvo? ¿Quién mejor que la abuela para consolarlo y que llore en sus brazos?

Ofrézcanse a recogerlos, a invitarlos a comer, a llevarlos de paseo. Estén presentes, alertas para darles ese amor incondicional que tanto necesitan. No hablen de los padres y por ningún motivo tomen partido. Manténganse al margen del conflicto pero abiertos para que puedan desahogarse.

"¿Por qué, pero por qué se tiene que ir mi papá? ¿Por qué lo está echando mi mamá de la casa?, ¡¡es una idiota!!" grita la hija adolescente con lágrimas en los ojos. "No lo sé, Nena, yo también lo siento mucho", le contesta la abuela. Unos minutos más tarde cuando la ve más calmada le pregunta, "¿te gustaría que fuéramos a tomar un café al lugar que te encanta?".

Los míos, los tuyos y los nuestros

"Mi hijo se ha casado cuatro veces y tiene seis hijos. Me encariñé con la primera nuera y un poco menos con la segunda, pero ya para la tercera empecé a guardar mi distancia. Y para complicar las cosas un poco más, varias de ellas, además, ¡ya tenían hijos de sus matrimonios anteriores!".

Las familias se han vuelto cada vez más complejas, algunas tienen "hijos de la madre, hijos del padre e hijos de ambos". Es decir, hay una combinación de los hijos de los matrimonios anteriores de la pareja y además los que procrean juntos. Esto trae por supuesto muchos retos, y si bien podemos desaprobar las decisiones que toman estos padres, es un hecho que si queremos seguir teniendo contacto con los nietos, hay que respetarlos y adaptarnos.

Adaptarse no quiere decir estar de acuerdo. Significa sopesar la situación para elegir lo más importante y asumir de manera inteligente sólo la responsabilidad que corresponde *sin meterse en lo que sí importa*. Todo con mucho cuidado y tacto y sin perder de vista lo primordial: mantener abierta la posibilidad de seguir viendo a los nietos.

Si estás o no de acuerdo con la elección de pareja que ha hecho tu hijo o hija, es irrelevante. Es su vida, y así como ellos no tuvieron opinión cuando tú escogiste la tuya, sólo te queda respetar su decisión. Elegimos como compañeros a personas por razones a veces muy complejas, y lo que ocurre en la intimidad de una relación no es asunto más que de ellos.

Así que: ocúpate de los nietos, cierra la boca y mantente al margen de las relaciones de los padres.

Todas las situaciones que menciono en este capítulo retan a los abuelos y los obligan a responder con valentía y asertividad. ¿Es fácil? ¡Claro que no! Pero si la vida los pone en esas circunstancias, es por algo. Yo no creo en los accidentes ni en las casualidades, estoy convencida de que la realidad nos presenta cada vez con situaciones que están *hechas a la medida* para darnos el empujón que necesitamos para evolucionar. Nos presenta el escenario perfecto y las oportunidades óptimas para que elijamos responder desde nuestra parte más elevada y crecer en consciencia. De nosotros depende aprovecharlas.

Conclusión

Este niño acaba de llegar a nuestra
vida y ya la iluminó con su mirada.
Yo lo tomo en mis brazos, y es como
si tomara en ellos mi propio corazón.
Armando Fuentes Aguirre, Catón

Es un regalo ser abuelo, un regalo que la vida nos da cuando tenemos algo de camino recorrido. Cuando la vida nos tienta a mirar hacia atrás, aparece este pequeño, portando el devenir en su mirada. Pero al tomarlo el abuelo en sus brazos, cierra el ciclo que une el pasado con el futuro para coexistir en este eterno presente.

Con los nietos la vida nos concede una segunda oportunidad de amar con un amor más maduro, más generoso, que no espera nada a cambio. Que surge de la admiración y el asombro ante el milagro de la existencia de este pequeño ser. Un amor que reconoce lo que importa y desecha lo que sobra. Que quiere servir y complacer y que no pone condiciones. Un amor ligero, sin exigencias, que goza y disfruta dando significado a los pequeños detalles de cada encuentro. Ese amor pausado, tranquilo, paciente del abuelo que toca el amor tierno y confiado del nieto.

Cuando la sabiduría del abuelo se encuentra con la inocencia del nieto, hay un entendimiento sin palabras. Porque el amor no hace ruido. Se expresa en una mirada, una sonrisa, un abrazo, y así toca la felicidad. Se unen el principio y el fin, uno recién llegado del mundo espiritual, el otro acercándose a su regreso. Uno todavía con estrellas en los ojos, el otro queriendo alcanzar el firmamento.

Gracias por acompañarme en esta lectura a reflexionar, reír, recordar y ojalá también, a crecer.

Bibliografía

Barocio, Rosa, *Disciplina con amor,* Pax-México, México, 2004.

_____, *Disciplina con amor en el aula,* Pax-México, México, 2013.

_____, *Disciplina con amor para adolescentes,* Pax-México, México, 2008.

_____, *Disciplina con amor tu temperamento,* Pax-México, México, 2014.

_____, *Disciplina con amor tus emociones,* Pax-México, México, 2014.

Fuentes Aguirre, Armando, Catón, *De abuelitas, abuelitos y otros ángeles benditos,* Austral Narrativa, México, 2007.

Katherine, Anne, *Límites, donde tú terminas, yo empiezo,* Ediciones Obelisco, 2010.

Neufeld, Gordon y Maté, Gabor, *Regreso al vínculo familiar,* Hara Press, México, 2008.

Rosenberg, Marshall, *Comunicación no violenta, un lenguaje de vida,* Gran Aldea Editores, 2006.

_____, *El sorprendente propósito de la rabia,* Acanto, 2014.

Esta obra se terminó de imprimir
en julio de 2015, en los Talleres de

IREMA, S.A. de C.V.
Oculistas No. 43, Col. Sifón
09400, Iztapalapa, D.F.

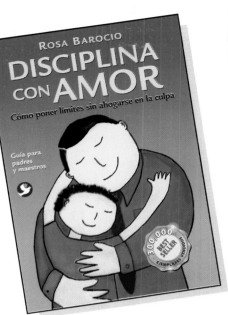

COLECCIÓN
DISCIPLINA CON AMOR
DE ROSA BAROCIO